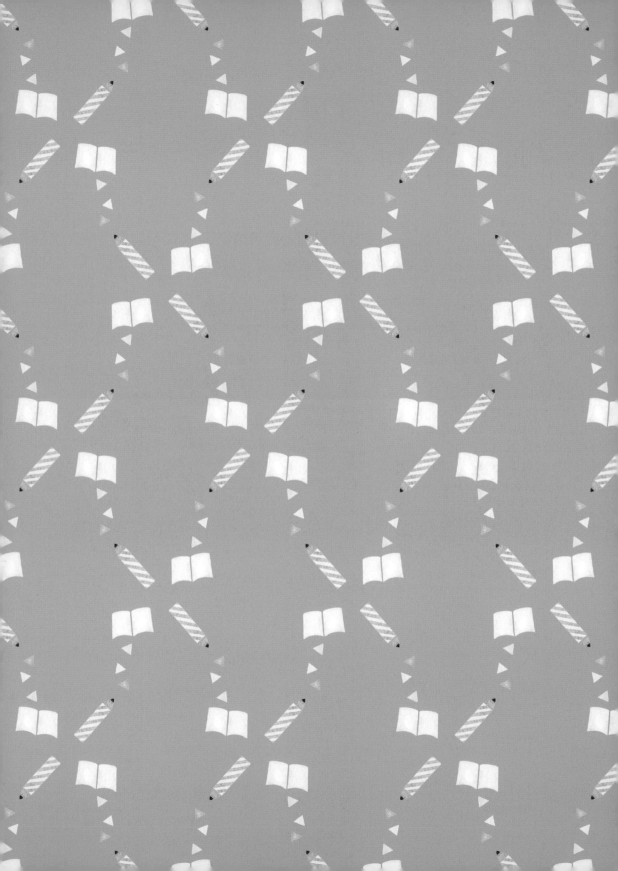

寫下靈感・回顧生活
抒發情緒・達成理想・整理人生

實踐你夢想的第1本筆記書

讓你輕鬆上手、堅持下去、達成心願的 25個手帳妙招

日本筆記達人**富美**／著　連雪雅／譯

就是在說你！適合寫筆記的4大類型

1 懷抱夢想卻不知道自己該做什麼的人

請先打開筆記本，接著寫下關於夢想的事。
像是今天做了什麼與夢想有關的事、覺得不錯的人事物、
正在實現夢想的自己等，試著花一點時間，把自己的想像寫下來。
這種習慣會為你打開圓夢的開關。
如果你打算放棄夢想，寫筆記會讓你打消那樣的念頭。

2 有煩惱所以心情煩悶的人

如果一直想著煩人的事，心思就會被煩惱佔據。
「真是煩死了！」，就算是這種發牢騷的話也好，
把它寫在筆記本裡，讓心情有抒發的管道會比較輕鬆。
而且，寫下煩惱也能幫助自己思考解決問題的方法。
我自己也覺得，要不是有筆記本為我解悶，
也許我會變成心情總是悶悶不樂的人。

3 喜歡寫東西的人

你有試著創作過自己專屬的圖案或字體嗎？
如果有的話，代表你一定是喜歡寫東西的人。
也因此，寫筆記對你來說是很容易上手的事。
像是這種類型的人，通常不會覺得每天寫筆記是很累人的事情。
希望本書所介紹的寫筆記方法或創意，能夠激發你源源不絕的靈感。

4 想留下人生美好回憶的人

為何想要寫筆記呢？那是為了在未來能夠回味人生。
就我自己而言，已經寫下來的事隨時都能回想，
至於那些沒留下記錄的事，差不多都快忘光了。
看過的書或欣賞過的電影、和朋友做過的事、
旅行時所見到的風景或心中感受，
想留住這些美好回憶就得寫下來，這正是寫筆記的理由。

本書中提到的「夢想」究竟是什麼？

「不展開行動並堅持下去就無法達成的目標」
就是本書所說的「夢想」。
夢想沒有所謂的程度之分，
比如：想把喜歡的事當成工作、
想移居海外、想養成運動習慣等等。
只要是你想達成的願望，那就是「夢想」。

CONTENTS

CHAPTER 2 實際體驗寫筆記的效果 深入了解自己的5個練習

CHAPTER 3 富美式筆記的基本寫法

寫得簡單，看得暢快

CHAPTER 4 輕鬆持續寫的10大訣竅

寫得有點累了，該怎麼辦？

前言——
寫下想法的瞬間，就是正視自己的時刻

各位好，我是本書的作者富美。

我已經有二十年的筆記生涯。
在小學寫的是心願，
國中時是寫服裝穿搭，
上大學後，我開始寫下自己的想法，
從中探索自我。

二〇一五年一月一日，
我開始使用HOBO日手帳，
而我的人生也是從那天起，

產生了非常明顯的轉變。
起初，我只是把「希望可以做到」的事寫下，
沒想到那些事居然在不知不覺間就實現了，
我的筆記本裡有許多這樣的夢想。

也許寫筆記這件事並非達成夢想唯一的理由。
不過，我是這麼想的，
把想做的事一一寫下來，
能夠讓你正視自己的心，
培養察覺機會的敏銳度。

同年的二月二十日，
我寫下「我想要變輕鬆」這句話。
然後，想做的事就接二連三地出現了，
當我回過神時，人生已經有了大轉變。

如果想從筆記獲得助力，
方法其實很簡單。
腦海中想像著「如果可以這樣就好了」，
然後在筆記時間打開你的筆記本，
思考「關於那個夢想」的事。

以我的情況為例，兩年前的我因為
「想變輕鬆」這個念頭，於是開始寫筆記。
沒想到才一年就實現了，
我的生活和內心都變得輕鬆自在。

「想去國外旅遊」、
「希望畫畫進步」……
任何事都能成為你的夢想。

先試著寫出一件事，接著思考，
為了完成那件事，必須做什麼？
有什麼事是明天做得到的？
你的腦中一定會浮現答案。

夢想是一切行動的起點。
1天就算只做了1件事，
1年後等於做了365件事。

筆記所帶給我的，正是默默而堅定支持我
往前邁進的力量。

所以，動手寫筆記的那段時間，
就等同於朝著夢想努力的時間——
我一直都這麼認為的。

我曾經藉由筆記的幫助，實現了這樣的夢想。

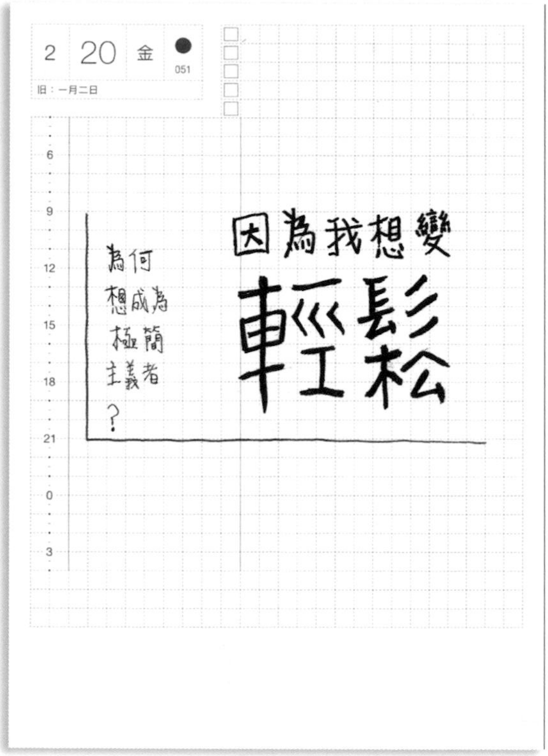
2
20
金
051
旧：一月二日
因為我想變
輕鬆
為何想成為極簡主義者？

這是我在二〇一五年寫的筆記。
當時我住在髒亂不堪的房子裡，
生活和工作上也衰事不斷。

後來聽說沒有好好打掃家裡，
自己的運氣會變差，
於是決定進行「1日1斷捨離」。
要丟掉的東西、不能丟掉的東西……
每天養成「檢視物品」的習慣，
開始寫筆記本把一切記錄下來。

這樣的習慣日復一日，從不間斷。
漸漸地，我也感受到了
「畫畫」的樂趣。

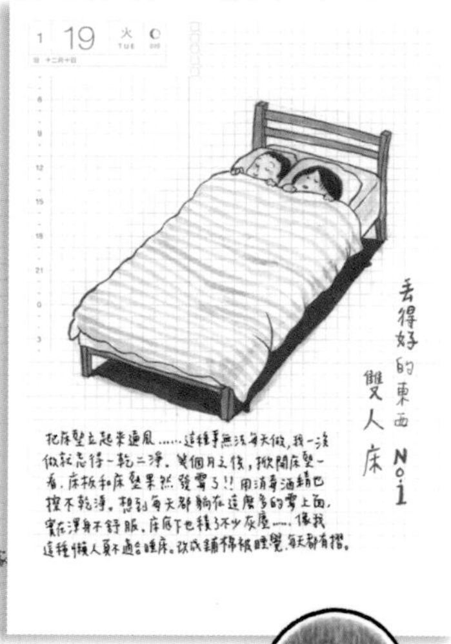
1 19 火
丟得好的東西 No.1
雙人床
把床墊立起來通風……這種事無法每天做，我一次做就忘得一乾二淨。幾個月之後，掀開床墊一看，床板和床墊果然發霉了!! 用消毒酒精也擦不乾淨。想到每天都躺在這麼多的霉上面，實在渾身不舒服，床底下也積了不少灰塵……像我這種懶人真不適合睡床。改成鋪棉被睡覺，每天都有摺。

3 31 火
能裝滿一台廂型車
130kg的
垃圾 通通丟掉
我自認平常有認真斷捨離，沒想到開始整理搬家行李之後，垃圾竟多到讓我納悶「這些東西平常丟哪裡了」
丟掉收納家具還有裡面的東西、不穿的衣服、不喜歡的餐具、沒在用的文具、鞋子……
因為新家不大，物品的收納要多花點心思，這也讓我思考「要把這個帶去新家嗎?」，大大提升斷捨離的效率。

二〇一七年，
我家的客廳有了如此轉變。
當時保留的物品只有時鐘和垃圾桶。
我丟掉了非常多的東西，
只把真正需要的東西留下來。

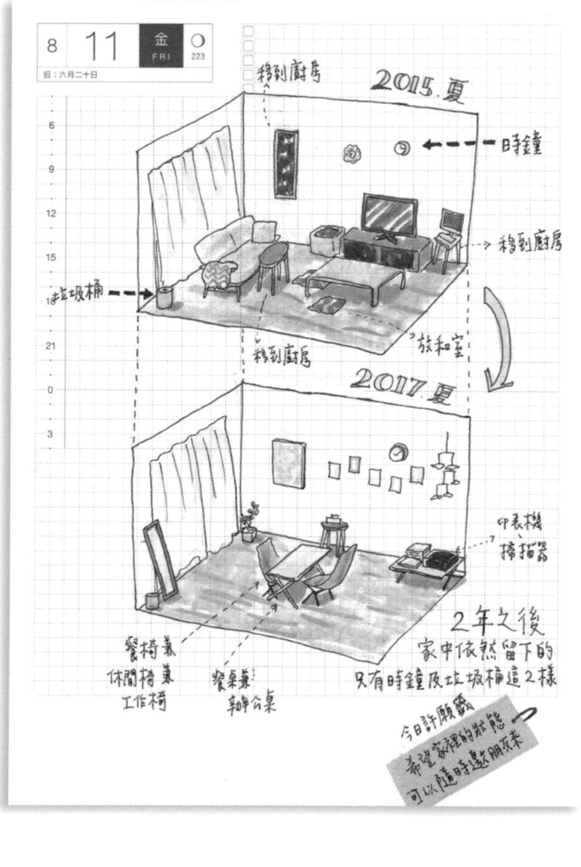
8 11 金 FRI
2015.夏
移到廚房
時鐘
移到廚房
垃圾桶
移到廚房
放和室
2017.夏
印表機
掃描器
2年之後
家中依然留下的
只有時鐘及垃圾桶這2樣
餐椅兼
休閒椅兼
工作椅
餐桌兼
辦公桌
今日許願籤
希望家裡的狀態
可以隨時邀朋友來

這本書要幫助的，不僅是想實現夢想的人，
也包含一直無法實現夢想的那些人。
我想把自己寫筆記的訣竅、持續寫的方法，
以及開心的事情、沮喪的想法等，透過本書與各位分享。

第1章是筆記的活用術。
介紹了一些小點子，讓寫好的筆記能夠發揮效用。

不過，該寫什麼呢？從來沒有寫筆記的習慣，所以內心有些不安？
那就試試第2章的練習，寫了能夠使你的大腦活化，
令你心情雀躍歡喜。

第3章，我介紹了持續寫筆記的方法，
喜歡寫寫東西、也想嘗試簡單圖畫的人。

或許可以當作參考。

第4章彙整了一些建議。
讓你面對無法繼續寫筆記的難關。
即使已經持續寫了一段時間，
也難免會有想休息的時候。
希望翻閱本書能為躊躇不前的你
帶來幫助。

一年說長不長，說短不短。
但就算每天只做一件事，
一年後的你肯定比去年的你
更加接近夢想。

CHAPTER:1

怎麼做才能實踐夢想？

我的筆記活用術

讓筆記本成為你的神隊友

有時重看以前寫的筆記才發現「啊，這件事原來已經做到了」。在不知不覺間實現夢想，感覺非常不可思議，但寫筆記所帶來的效果，的確能讓夢想變得容易實現。

首先是「動筆寫」的效果。藉由「寫」來強化夢想的意識，所以自然會想主動收集資訊，也會把握機會。這個動作能穩定情緒。在還沒動筆之前，內心充滿煩惱、不安，而在寫筆記的過程中，漸漸地消極與積極的心情取得平衡，不只內心變得平靜，集中力也跟著提高。

接著是「存留」的效果。如果手邊有隨時能夠回顧生活的記錄，會讓人感覺安心。尤其是受挫不順的時候，筆記就是你的神隊友。「別擔心！你已經做了這麼多努力了」、「那樣做就能放鬆」，像這樣讓你產生自信或找到抒壓方法。生活中有好事同時也會有不好的事，但無論如何筆記都是最了解你的夥伴，為你帶來力量。

本章將告訴各位如何善用已經完成的筆記，雖然介紹的都是很簡單的小事，可是筆記並不是寫完放著就好，請務必和它保持良好的互動。

寫過的筆記等於你的個人歷史，也是你朝著夢想努力過的記錄。

活用術

1

翻開筆記本仔細閱讀……回顧筆記，回想當時的自己

最棒的筆記活用法，是重新翻開筆記，偶然瞥到的一句話經常會激勵自己向前邁進。

假設又遇到和過去相同的煩惱時，「回顧」也許會找到當時做不到，現在卻做得到的方法，或是發現自我的逐步成長。過去寫的話語或許能成為動力，推動現在的自己。

筆記好比你的歷史。有過這樣的期許，展開行動之後才有了如今的自己。翻開筆記感受自己的歷史，同時也會有「今天的我在想什麼呢？」，而萌生動筆的念頭。

寫著寫著就過了1年……

我除了每天寫筆記，也經常拿出來翻閱回顧。看到寫的當下沒思考太多的某些話，有時會愣住、或驚覺發現自己原來已經實現夢想。回顧時，也會看到一直無法達成卻不想放棄的心願，感受到自己的堅持。藉由和過去做比較，使現況變得明朗。

覺得心煩、停滯不前的時候……

提不起勁時，「回顧」筆記是不錯的方法。像我就會快速翻閱過去3年的筆記。有些細節難免不記得，過了一段時間重新觀看，感覺好像在看別人的信。也因為如此，看到某些拚勁十足的話語時，內心會受到激勵。想到現在的自己其實就是當時的延續，自然而然會想展開行動。

重看筆記……

發現成果、變化、沒有改變的事等

讓過去的歷史成為動力，推動現在的自己前進！

活用術 2

定期寫相同的主題

極簡主義者的包包內容物
極簡主義者的包包內容物 2017 工作日ver.
東西好像變多了，
難道是最近買太多?!

定期寫相同主題可以定期觀察自己，也可以確認身邊物品的增減或檢視生活習慣。重看之前的內容能發現自我的變化。

第2章介紹的練習，也是我定期寫的主題。一年一次的「偏好導圖」、約莫半年一次的「想做的100件事清單」等，讓平時沒意識到的事變得具體，所以回顧時會有許多發現。如「喜歡的事改變了」、「現在應該先處理這件事」、「雖然煩惱相同，但現在的原因和當時不同」……，透過比較過去與現在來分析自己，有助於擬定未來的計畫。

建議定期寫筆記的主題

內容	理想次數	重點
個人偏好導圖  ➔ P.48	1年1次	寫下令你著迷的事物，無論是已經喜歡很久或最近剛喜歡的，都是讓你深入了解自己的契機。完成後，上傳至社群網站也許能吸引到同好。
腦內解剖圖  ➔ P.50	覺得快要超出負荷時 不定期	如果你滿腦子都在想工作或有煩惱，建議寫這個主題。寫下來有助於整理心情，我曾經每個月都寫。如果覺得有必要的話，想寫就寫，次數不限。
想做的100件事清單  ➔ P.52	半年1次	看到條列出的清單，自然會想好好加油。隨著時間，內容會改變很正常，半年左右更新一次，心態上也能告一段落，進入新的階段。
檢視身邊的物品  ➔ P.95	1年1次	這是整理或斷捨離的好機會，保持適當的物品數量。包包或書架、流理台下方、衣櫃等地方，分別列出這些你想檢視的場所究竟有哪些東西。

活用術

3

上傳至社群網站

寫完筆記，我會上傳至部落格和IG。「或許有人在看我的筆記」的感受，是很好的刺激。如果有人按讚或留下令人開心的評語，頓時變得充滿幹勁，網友的瀏覽、注目對養成寫筆記的習慣很有效。

而且，還能因此認識住在遠方的同好。「下次我也想試試這種主題」，像這樣獲得靈感，也能激勵自我。

不過，凡事有好就有壞。有時網路上的交流也會帶來負面影響，這點請各位多加留意。

加分 ＋面

上傳至社群網站會有這些好處

• 讓自己充滿幹勁

「或許會有人看」的緊張感，會成為寫筆記的動力。

• 容易養成寫筆記的習慣

原則上是「寫＋上傳」，只要決定好時間就容易養成習慣。

• 交流看法與情報

和別人商量煩惱，獲得解決問題的建議。有時也能轉讓手邊不要的東西，給適合的對象。

最重要的是，不要寫「配合他人演出」的筆記。因為在意他人眼光，結果放棄或改變想做的事，根本就是本末倒置。筆記本來就是寫你想寫的事，有些內容不必上傳至社群網站，自己私下看就好。

當然，有時也會在網路上看到不錯的貼文，但不要過度和他人比較，這會讓自己沮喪，或是花太多心思關注別人的貼文，而忽略眼前該做的事。與網路保持適度的距離，晚上大概花三十分鐘瀏覽一下即可。

提醒各位稍微留意這些事

扣分一面

- **別太在意按讚人數**

抱持「不管有沒有人按讚都不在意」的平常心。
堅持自己想做的事，
別為了他人刻意改變。

- **不和他人過度比較**

如果看到很棒的貼文，就算羨慕也別過度比較，
讓自己的心情變得沮喪或煩躁；
請把羨慕轉換為正能量。

- **看到忘了時間**

一不小心就上網看了好幾個小時。
最好先決定好固定的時間，
像是1天幾分鐘、看到某件事開始之前等等。

活用術

4

與他人分享你的發現

寫了筆記有新發現時，試著與身邊的人分享。話語具有力量，說出口等於表明決心，能夠提高實現夢想的動力。想法改變了，行動也會隨之改變，進而使你加速實現想做的事。

而且，這麼做也能讓對方更深入了解自己。以我家的情況來說，我和先生會互看彼此的「偏好導圖」或「想做的100件事清單」。在過程中，可能會發現對方「原來這麼喜歡做○○啊」之類的事，然後慢慢懂得互相尊重彼此的興趣或時間安排。

分享寫筆記的發現，
讓對方了解自己。

活用術

5

1天1頁×1個主題

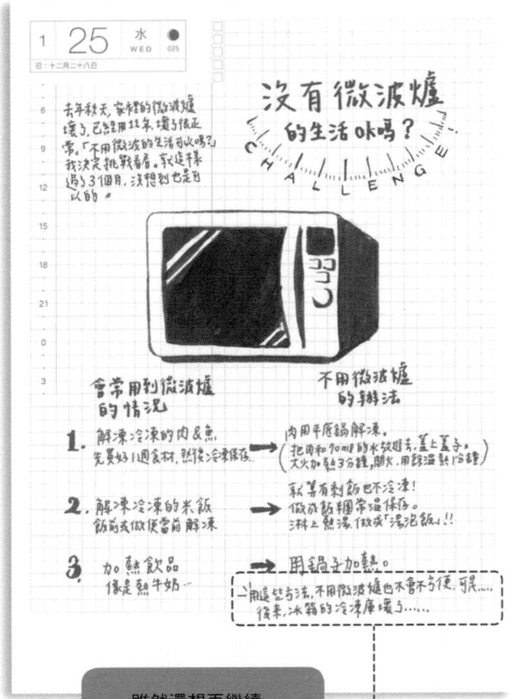

1天1頁
最理想！

雖然還想再繼續寫下去……

我寫筆記的原則是「1天1頁×1個主題」。就算想寫的事很多，我從來不會寫到下一頁或者補寫前一頁。

這麼做是為了維持寫的動力，以及回顧的方便性。要是卯起來狂寫，隔天可能會因為「昨天已經寫了那麼多，今天就算了」的想法，而中斷寫筆記的習慣。此外，補寫到前一頁也會造成記憶的混亂。寫筆記這件事也是要今日事今日畢的——假如還有想寫的事，那就留到明天再寫吧！

活用術

6

別用筆記本管理行程

利用月曆管理行程，
不要寫在筆記本裡。

不要把筆記本當成管理行程的手帳，「筆記本＝實現夢想的夥伴」。當你打開筆記，就是進入自我面對的時間；也別把工作或家人的預定、安排寫在筆記本裡，以免思緒變得混亂。

管理行程的做法分為兩種。

首先將工作或每天要做的事存入手機。為了能隨時調整，記得使用鬧鐘提醒功能。

至於家庭活動或遊玩的預定時程，則可以寫在客廳的月曆，先把好幾個月後想做的事寫下來，如此也能提早請假。

活用術

7

把筆記本放在不會忘記的地方

BEFORE
以前都放在經常忘記的這兒
AFTER
現在都是固定放在這兒

買了筆記本卻沒有每天寫，甚至根本忘了有買筆記本……我常聽到這種經驗。但我其實也是很健忘的人，所以會把筆記本固定放在「經常看到的地方」。具體來說，像是客廳的面紙盒旁邊。放在那兒的話，一天會看到好幾次，早上起床拉開窗簾、用餐後擦桌子、幫植物澆水的時候都會看到。

另外，封面、封套使用醒目的顏色或喜歡的布也很有效。那些看了就開心的設計總會引起自己的注意，也容易激發寫的意願。

我曾經這樣用筆記本實現了好幾個夢想

我以前因為「寫筆記」實現過好幾個夢想。當時以為辦不到的難題，寫了筆記後，心情得到抒發，所以才能繼續堅持下去。

在此，我和各位分享自己利用筆記實現夢想的過程。如今重新回顧，覺得有好幾頁都應該畫得更好看，也覺得有些自以為在寫詩很搞笑，但那些都是我當時真實的感受。儘管內心煩惱不安，我依然相信持續寫筆記是對自己有幫助的事。

基本上是「想變輕鬆」、「不再為了穿衣服而煩惱」、「希望畫畫進步」這三個主題，或許乍看之下沒什麼，卻是我極度想實現的夢想。而雖然很有動力，我也不知道該怎麼做。為了找出好方法，我開始寫筆記。起初，只是不斷寫下心裡的感受，然後慢慢從簡單的小事著手，過程中不論是失敗或發現，全部寫下來再思考……。日復一日從未間斷。有些夢想只花了半年左右就實現了，有些夢想仍遙遙無期。受挫不順的時候，回顧以前的筆記，也做了許多練習（請參閱第2章），最後找到改善的方法。

但最重要的是，即使夢想無法如願實現，付出過的努力都還是很值得。懷抱著夢想讓人生變得豐富。請各位不要有「我想實現這種心願很丟臉」、「真是自不量力」、「不可能辦得到」的想法，用你最初的赤子之心，盡情去追尋你的夢想。

實現的夢想

1

減少物品之後，生活變得輕鬆又從容

第一個夢想是「想變輕鬆」。當時我的工作與私生活衰事不斷，整個陷入一團亂。後來，聽說居家環境乾淨能帶來好運，所以想當極簡主義者（以最少的東西過生活）。

二〇一五年一月，我下定決心實行。以往我寫得很雜，但從那天起，我決定寫斷捨離的記錄。要做就要做得徹底，我還規定自己，每天寫完就要上傳到部落格。

到了五月，確實感受到夢想成真了。養成「丟掉↓寫筆記↓上傳到部落格」的習慣之後，我終於能夠減少多餘的東西，過起輕鬆又從容的生活。

2015.1.2

購買筆記本

當時的住處變得很髒亂，1 天丟掉 1 個東西，1 年就會丟掉 365 個，這樣就能變輕鬆的想法，買了 HOBO 日手帳。

START

2015.2.20

表明決心

先是感覺內心有股聲音在吶喊「我想變得更輕鬆」。那種念頭越來越強烈，於是決定寫下來，後來這頁重看了好幾次。

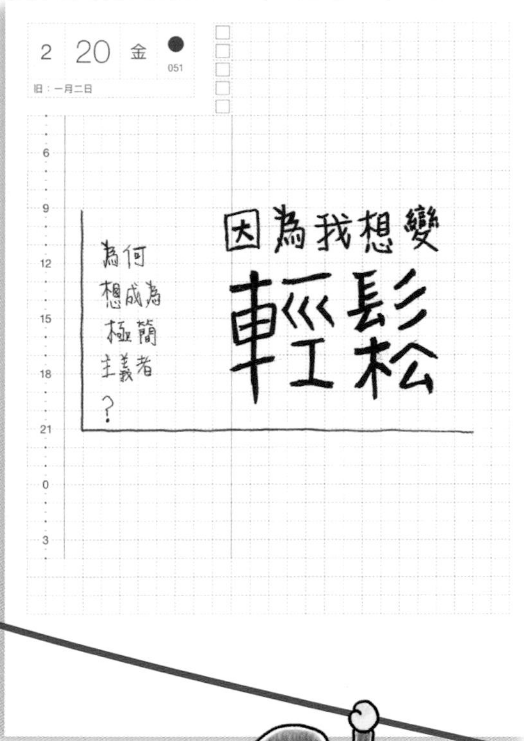
2 20 金 051
旧：一月二日
因為我想變
輕鬆
為何想成為極簡主義者？

2015.1.6

開始進行「1日1斷捨離」

哪怕只是小東西也好，我定下了「1日1斷捨離」的目標。因為剛開始容易猶豫，所以先從一看就知道不需要的東西下手。

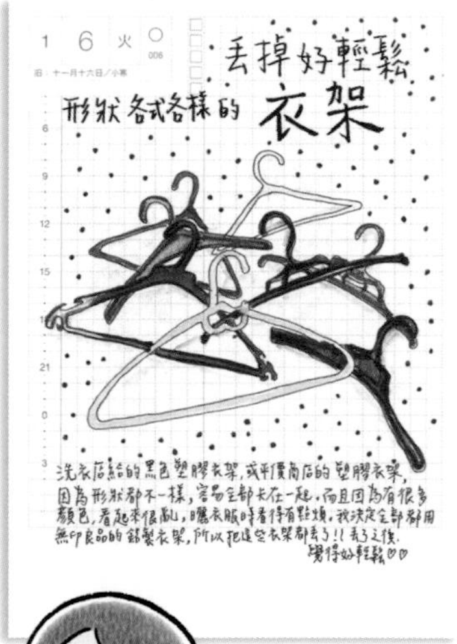
1 6 火 006
丟掉好輕鬆
形狀各式各樣的 衣架
洗衣店給的黑色塑膠衣架，或平價商店的塑膠衣架，因為形狀都不一樣，容易全部卡在一起。而且因為有很多顏色，看起來很亂，曬衣服時看得有點煩。我決定全部都用無印良品的鋁製衣架，所以把這些衣架都丟了!! 丟了之後，覺得好輕鬆♡♡

我要擺脫雜物的糾纏!!

圓夢時間表

開始寫關於夢想的筆記	2015年1月2日
表明決心的日子	2015年2月20日
寫筆記的頻率	每天
夢想實現了	2015年5月2日

快接近
我想要的
狀態了！

達成大目標！

2015.3.19

斷捨離全力加速中

表明決心後，掌握到訣竅，效率也變好了。就算是高價的物品或有回憶的東西也能以自己的基準進行斷捨離。覺得夢想似乎已經實現一半。

3 19 木
斷捨離的物品
原本打算要拿來作東西
暫時保留的
碎布

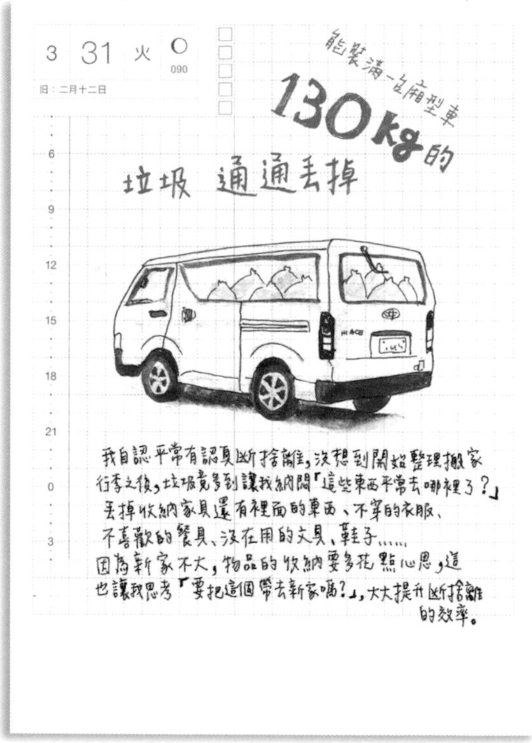
3 31 火
旧：二月十二日
能裝滿一台廂型車
130kg的
垃圾 通通丟掉
我自認平常有認真斷捨離，沒想到開始整理搬家行李之後，垃圾竟多到讓我納悶「這些東西平常去哪裡了？」
丟掉收納家具還有裡面的東西、不穿的衣服、不喜歡的餐具、沒在用的文具、鞋子……
因為新家不大，物品的收納要多花點心思，這也讓我思考「要把這個帶去新家嗎？」，大大提升斷捨離的效率。

2015.3.31

裝滿1台廂型車的東西通通丟掉！

決定搬到更小的地方住，一口氣丟掉130公斤的東西。把身邊不需要的雜物全部清空，成就感十足！

現在

對我來說
現在身邊物品
的數量剛剛好

夢想實現了！

只留下真正
需要、重要的
物品。

2015.4.16

該丟的東西幾乎都丟了，覺得很滿足

丟了裝滿一台廂型車的東西後，身邊物品的數量完成度已有85%左右。再透過「小東西的斷捨離」與「習慣的斷捨離」，防止東西不斷變多。

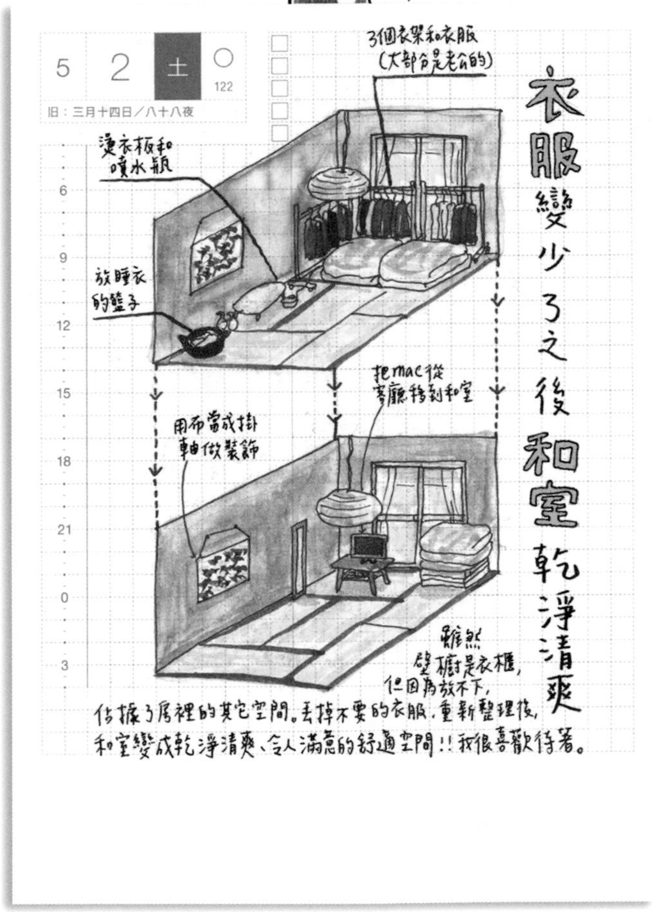

2015.5.2

家中變得乾淨俐落，煥然一新

適應了新家的生活後，仔細檢視家中每個角落。衣服飾品的數量相當精簡，全部都能妥善收納。整個家變得乾淨俐落。

實現的夢想

2

每天早上不用再煩惱該穿什麼的「便服制服化」

我的第二個夢想是「不再為了穿衣服而煩惱」。因為衣服數量太多，不知道到底有哪些物件，每天早上挑衣服挑到心煩，我於是很想解決這種情況。

現在我已經很清楚自己想穿什麼、想做怎樣的打扮，先找出不要的衣服，逐一丟掉並做記錄。丟掉不要的衣服後，開始進行「便服制服化」。想好如何活用手邊剩下的衣服，這麼一來就不必花時間思考搭配。而且，也能從中知道「該丟、該買」的時機。

2015.2.7　2015.1.25

不要的衣服好想丟！

每天早上打開衣櫃翻找要穿的衣服實在很煩。「難道是衣服太多？」我基於這樣的想法，試著找出可以丟的衣服，寫成筆記後，「應該動手整理一下」的心情也會油然而生。

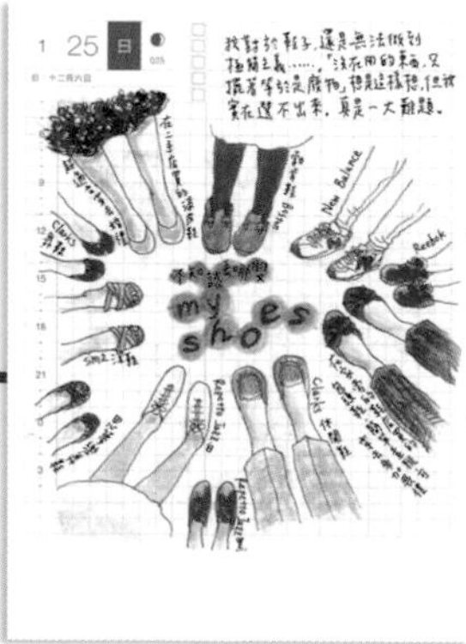

START

2015.3.16

下定決心實行斷捨離

丟掉了許多「不想再穿」的衣服。坦白說，心裡還是有些捨不得。幸好寫筆記讓我確實留下對那些衣服的回憶與心情，也記錄了積極的決心。

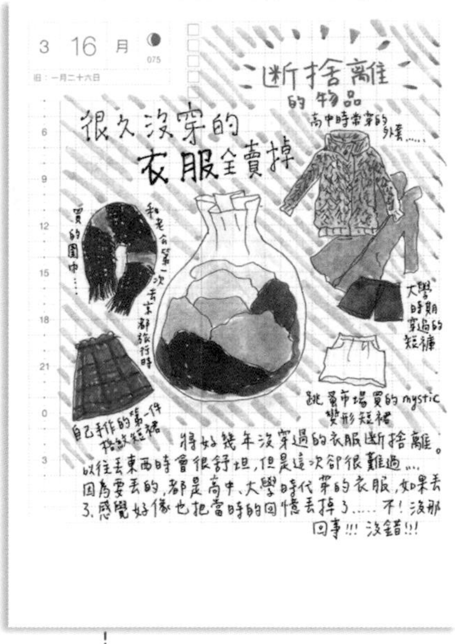

斷捨離的物品
很久沒穿的衣服全賣掉
高中時常穿的外套……
大學時期穿過的短褲
跳蚤市場買的mystic荷葉形短裙
自己手作的第一件格紋短裙
將好幾年沒穿過的衣服斷捨離。以往丟東西時會很舒坦，但是這次卻很難過…因為要丟的，都是高中、大學時代穿的衣服，如果丟了，感覺好像也把當時的回憶丟掉了…… 不！沒那回事!!! 沒錯!!!

2015.2.9

「暫時保留，之後再丟」置物籃

雖然知道哪些衣服想丟，還是無法說丟就丟。我那時正好看到喜歡的部落客的文章，於是嘗試放了「暫時保留，之後再丟」的置物籃。

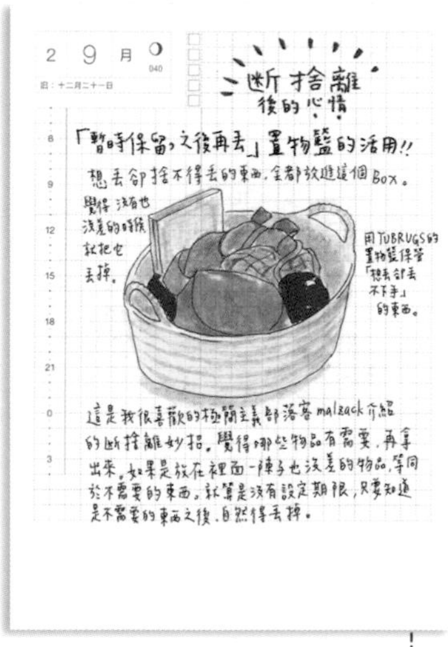

斷捨離後的心情
「暫時保留，之後再丟」置物籃的活用!!
想丟卻捨不得丟的東西，全都放進這個Box。
用TUBRUGS的置物籃保管「想丟卻丟不下手」的東西。
這是我很喜歡的極簡主義部落客malback介紹的斷捨離妙招。覺得哪些物品有需要，再拿出來。如果是放在裡面一陣子也沒差的物品，等同於不需要的東西。就算是沒有設定期限，只要知道是不需要的東西之後，自然得丟掉。

2015.2.20

發表「想要變輕鬆」宣言

▶ P.33

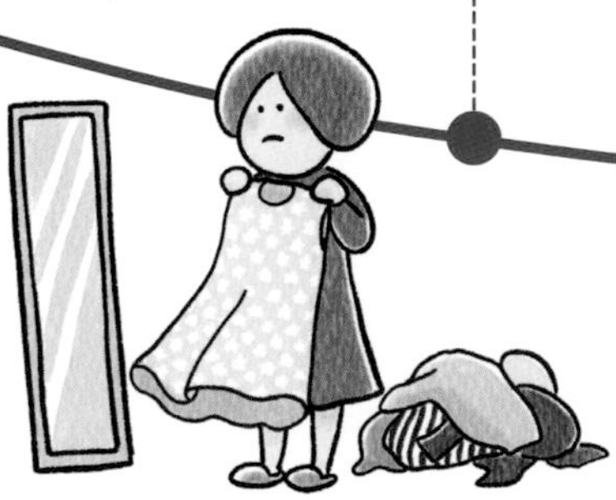

圓夢時間表

開始寫關於夢想的筆記	2015年1月下旬
展開具體的行動	2015年2月
寫筆記的頻率	每週約1次
夢想實現了	2016年9月

2016.9.11

掌握手邊的衣服

換季時要買、要丟衣服前，先將手邊的衣物全部列出來。如此一來，就能夠掌握真正需要的衣物。

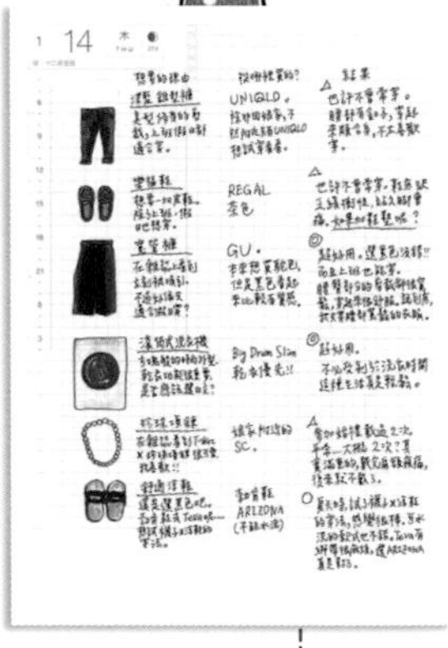

2016.1.14

分析添購的新衣物

實行斷捨離後，衣櫃清出不少空間，所以又添購了一些新裝及配件。原以為自己已經有精挑細選，不過還是寫了筆記，針對被吸引的理由、使用頻率等自我反省，冷靜地仔細分析。

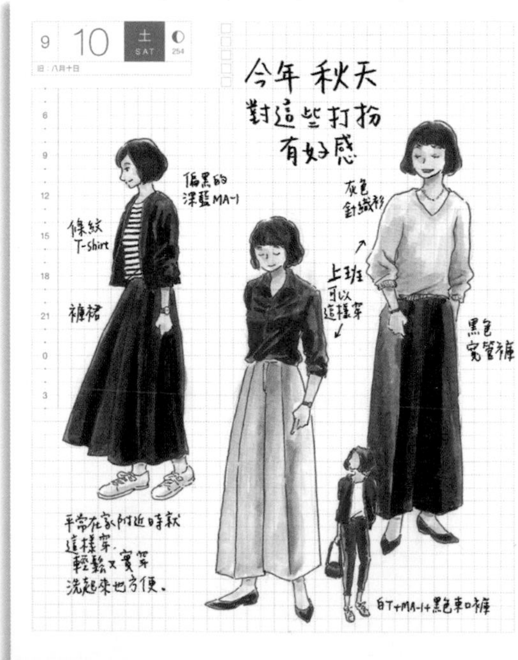

2016.9.10

購物前的紙上會議

出門購物前，先利用筆記本進行作戰會議。在雜誌上看見不錯的衣服，想像自己會如何穿搭，並確認是否真的需要。以前經常去現場試穿，到頭來還是不知道想什麼，寫筆記後這種情況改善許多。

現在

達成

2016.10.24

便服制服化達成！

已經能安排一週的工作服及假日打扮。衣櫃裡都是喜歡的衣服，每天要穿什麼馬上就能決定。而且很清楚哪些衣服放在哪裡，洗衣整理都輕鬆方便。

2017.7.11

衣物的數量每季更新

每一季上、下身加起來有6～12件就能輕鬆完成制服化。換季時先寫筆記，進行想像與模擬。

希望畫畫進步
——現在進行式

我第三個夢想的狀態，是現在進行式。即便只是小小的圖，也應該能藉由每天寫筆記慢慢進步，這是我對自己的期許。

或許這種夢想沒有終點。不過，持續朝著夢想努力就是在挑戰昨天的自己。跟昨天相比，有沒有哪裡進步了、哪裡畫得更好了？隔天重看筆記經常會有新發現。

假如沒有持續不斷地畫，我根本無法知道自己哪裡畫不好。因為是喜歡的事，所以更要持續進行，經過反省修正後，再繼續實踐。這時候筆記會帶來很大的幫助。

2017.5.20

就算做不好，
如果想做就放手去做

平常聽 Enjoy Music Club 的歌，這天格外有感。我告訴自己：為了滿足內心，想做的事就放手去做。

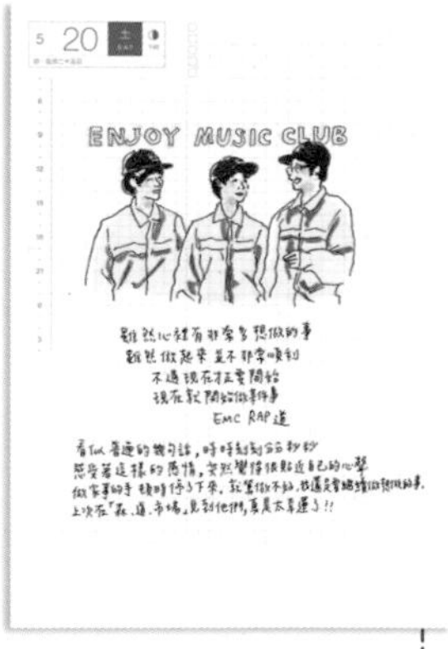

START

2017.5.22

利用「想做的事清單」確認自己的心念

當時除了「希望畫畫進步」，我也把想做的事列成了清單。雖然數量比「想做的100件事清單」（請參閱P.53）少，但全都有強烈的心念。寫的時候覺得很興奮，拋開「像我這樣的人怎麼可能辦得到」那種膽怯的想法，決定放手一搏。

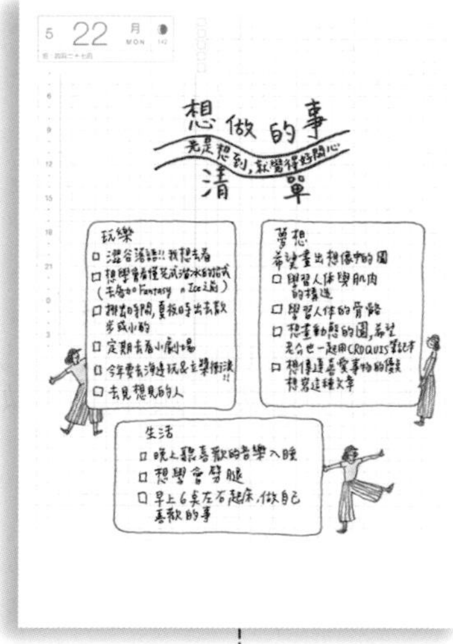

2017.5.23,24

調查人體的構造

為了貼切畫出人體的形狀與動作，調查了肌肉與骨骼的構造，連續兩天寫成筆記。

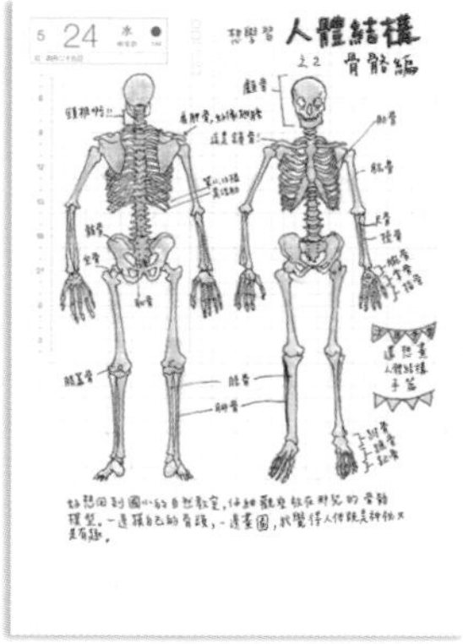

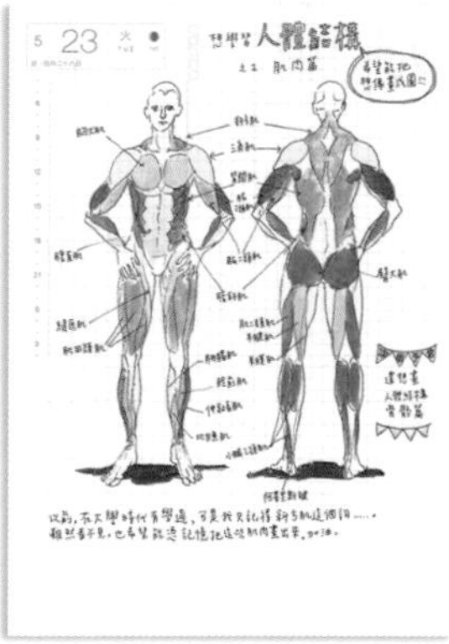

圓夢時間表

開始寫關於夢想的事	2017.5.20
展開具體的行動	2017.5.22
寫筆記的頻率	每週約1次
（其他、iPad或CROQUIS隨身筆記本是2天1次左右）	
夢想實現了	仍在努力中

2017.6.10,11

好想把肢體動作畫得更生動！

如願參加了冰上表演活動，結果大受感動。因為現場不能拍照，所以用「CROQUIS隨身筆記本」畫素描，然後趁著內心的感動尚未消退前趕快畫進筆記本裡。越畫越希望自己的畫功能變得更好。

使用「Random Pose」的App
開始練習畫人體姿勢

2017.7.13,14

開始進行5分鐘素描

「看著圖片在5分鐘內完成」是漫畫家江口壽史先生提出的練習法。知道這個方法後，除了筆記本，也有用「CROQUIS隨身筆記本」和iPad練習。好想學會皺紋的畫法喔！

2017.9.21

練習時，讓想像變得具體的練習

有「想要這種作品」的想法時，就算還沒遇到符合期望的物品，也會想試著畫出來。
在每一季的「制服化」或「想要的物品清單」等與物品有關的筆記內容中，練習試著畫畫看。

9 21 木 THU 264
旧：八月二日
大叔鞋
想買一双
我想要一双男性化的大叔鞋，地上積了薄～薄的雪時，能走得很穩，上班或假日都可穿。
防雪、防雨的材質
橡膠鞋底的款式最理想，可以走在積薄雪的地上。
因為希望上班、假日都可穿，時髦的尖頭設計比較好。

7 19 木
夏季
髮型の基本款
FUDGE

2017.7.19

人物表情練習

剛好看到有興趣的夏季髮型，動手畫的時候，順便挑戰了畫表情。不斷進行這樣的練習，腦中的「表情範本」也變多了。

CHAPTER:2

實際體驗寫筆記的效果

深入了解自己的5個練習

透過筆記，改寫你的未來

當忙碌的生活壓得你喘不過氣，你是否已經遺忘自己喜歡的事物或想做的事呢？

去年我讓自己實行了一個月的「比起非做不可的事，只做想做的事」。完成基本的家事與工作，同時投入許多時間經營興趣——這是長大後一直無法做到的事。

起因是我發現自己經常把「有什麼有趣的事嗎？」掛在嘴上，而且開始對那樣的自己厭煩。找不到能夠著迷的事物，每天只是漫無目的地滑手機，我想結束那樣的生活。

老公和我寫的「個人偏好導圖」。寫出會令人興奮雀躍的事，喚醒沉睡中的自己。

「寫」，具有改變現實的力量。「想做的事就放手去做」，當我把這句話寫在筆記本時，我的生活也跟著產生變化。「喜歡畫畫，但我畫得很差……」曾經為此放棄了一段時間的畫畫又重新開始，也去了一直想去的地方。然後，如美夢般的一個月結束時，我感覺到自己變得截然不同。透過寫筆記這件事，我體驗了從未有過的生活，若是以前的我，肯定無法做到。

本章將介紹五個有效的練習，幫助各位深入了解自己，找出真正想做的事、想實現的夢想。內容包含廣為人知的方法，以及我自創的訣竅。我老公也透過這些練習找到了想做的事。

寫完覺得好輕鬆、好放心，找回遺忘的自己……。希望各位在練習的過程中都能感受到寫筆記的樂趣。

練習
1

個人偏好導圖

我到底是怎樣的人？「盤點」喜歡的事物

「偏好導圖」是教育學者齋藤孝先生提出的溝通方法。將過去到現在喜歡（＝偏好）的事物全部寫出來，加深對自己的了解。我透過這個方法重新認識了自己。寫完後邊看邊想「對了，我以前很喜歡這個啊！不如再來試試看」，像這樣陸續發現想做的事情，開始對假日充滿期待。

這個練習就像在「盤點」自己的人生。平常沒什麼時間深入了解自己的人，利用這個練習就能做到。想想令自己雀躍的事物，找回原本的自己。

該寫哪些事很重要。因為是「偏好」，「就只是有興趣」的程度不能列入，必須是一提到那件事就會讓你忍不住想大聊特聊。至於喜歡的時期，就算是很久以前也沒關係。盡可能回想過往，找出至今仍令你雀躍歡喜的事。

2.主題名稱用粗體字寫

以粗體字寫出「主題名稱」，寫的時候可以跳著寫，不必按照順序。

1.先寫自己的小檔案

為了客觀檢視自己，建議寫出年齡或畫簡單的肖像畫（現在的髮型或是能夠代表你的表情）。

3.逐一寫出「偏好」的事物

針對各項主題想一想「具體的例子是什麼？」，然後邊想邊寫。

上圖是我在2017年5月做的「個人偏好導圖」。當時熱愛的、喜歡的，就連過去沒有改變的事物都混雜在一起。

練習

2

腦內解剖圖

感覺腦子快要塞爆了
把想法通通寫出來

此時此刻，你的腦子裡正在想什麼？那個也想做、這個也想知道，覺得腦子就快塞爆了，那就試試「腦內解剖圖」。這是幫助你了解自己有哪些想法的練習，煩惱或不安、想做的事、還沒做到的事等，充分掌握自己的現況。

有別於「偏好導圖」的目的是深入了解自己，這個練習則是緊急狀態的解決方法，所以當你略感煩躁時，請務必試一試。

這麼形容或許有點誇張，我在做這個練習的時候，通常會想像把自己的大腦剖開，逐一取出塞在裡面的關鍵字。畫在筆記本的圖也是如此，先畫出側臉，再以對話框連接那些關鍵字，從中找出「這樣也許能做到」的項目就表示成功了！寫出來之後，說不定原本的不安就會化作積極的動力。若有可以立刻實行的項目，趁著週末趕緊去做。這麼一來，應該能消除你的煩惱或不安。

寫完之後
有種很安心的感覺。
而且也找到了可以
嘗試的事喔！

2.想做的事或工作全部寫出來

畫完側臉後，接著寫出腦中的關鍵字。寫好一個就用對話框圈起來（形狀不拘），想到什麼就寫，毫無保留地寫出來。

3.試著從中找出能夠做的事

全部寫好後，從那些關鍵字裡找出能夠實行的事。這麼做也許可以消除你的煩惱或不安。

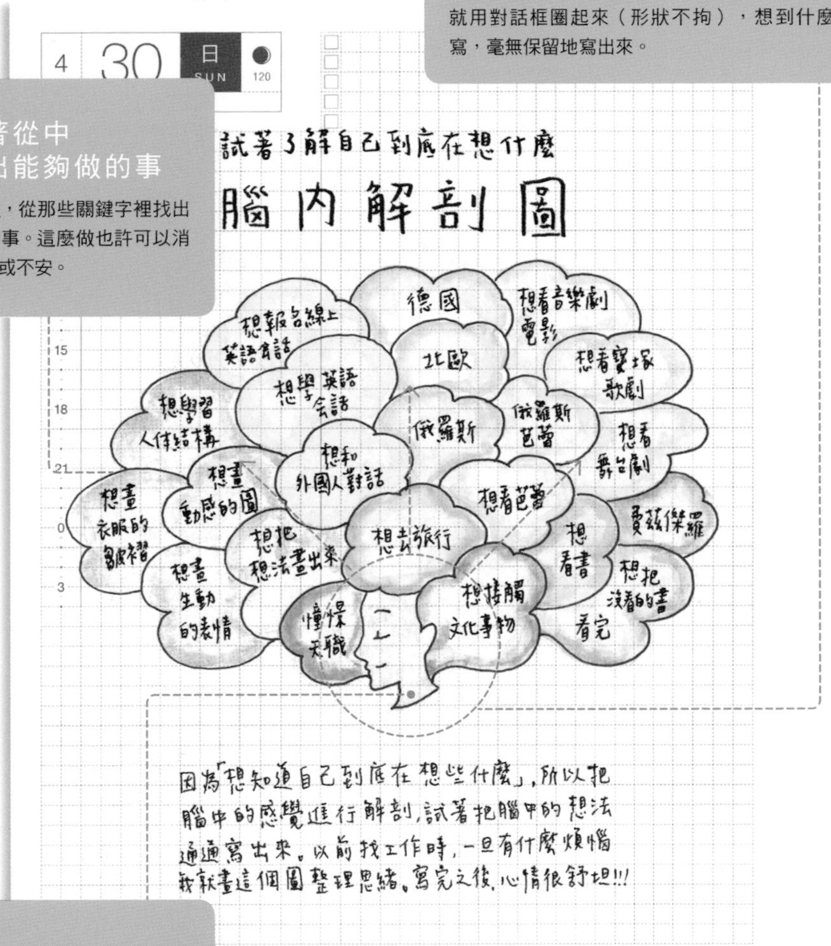

1.先畫出側臉

像在窺視自己的大腦內部，邊想「假如打開腦袋，大概是這種感覺」，然後邊畫出側臉。

上圖是2017年4月畫的「腦內解剖圖」。
看了電影《樂來越愛你》之後，我很想多看一些美的事物，
然後用自己的方式去表現，那段期間有了這些想法。

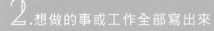

練習

3

想做的100件事清單

透過「10×10」輕鬆確認對夢想的態度或進度

遇見的人或環境的變化會改變想做的事。為了確認自己的變化，不妨試著每半年寫一次100件「想做的事」。

100件也太多了吧！或許有人會這麼想。其實，只要先設定10個「主題」再逐一列出10個項目，很快就能寫好100件想做的事，這也是進行此練習的重點。

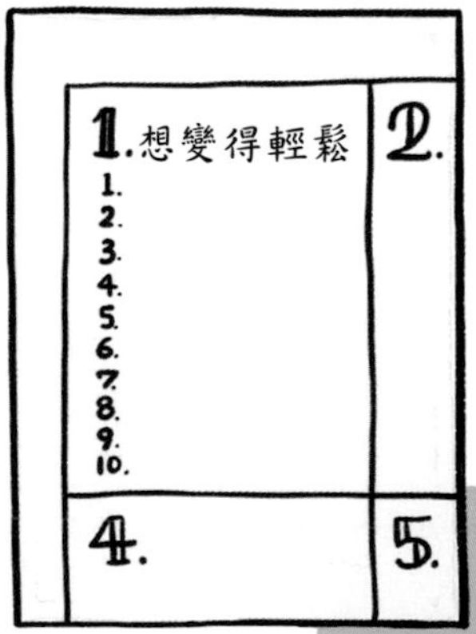

1.把想做的事分成10個主題

先針對想做的事寫出10個主題，將其中1個設定為「其他」會比較方便。

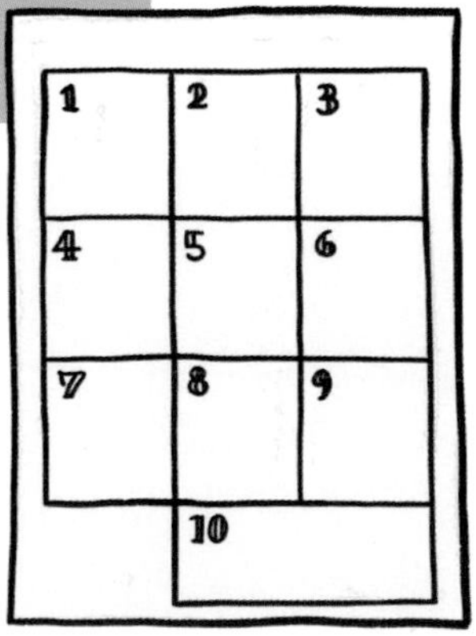

2.各主題列出10個項目

各主題列出10件事，瑣碎的小事也可以。寫的時候，請別用「想做這種事未免太自不量力」的想法侷限自己。

3.寫好10×10的項目即完成！

日後重看筆記，發現原來有那麼多想做的事會覺得很開心。若有已經完成的項目，就畫線消除。

想做的100件事清單

飲食
1 不浪費食材
2 計畫性購物
3 每週整理1次冰箱
4 增加基本款料理
5 挑戰做常備菜
6 在外食時如果覺得吃不完，一開始就拒絕。
7 每天煮高湯
8 吃當季的食物
9 試試沒買過的食材
10 試做角田光代的食譜《今天也謝謝招待了》

日常生活
1 寫家計簿
2 想辦法讓浴缸的熱水保溫
3 繼續沒有微波爐的生活
4 保持玄關的整潔
5 每天早上打掃廁所
6 保持車內的整潔
7 清理冰箱
8 把窗戶擦的亮晶晶
9 每月做一次大掃除
10 整理娘家的私人用品

身心
1 按腳
2 伸展背部
3 每週慢跑　次
4 試著延長健康壽命
5 保持心情穩定
6 冥想
7 活化血清素
8 晨間筆記
9 每天早上做運動。
10 睡前按摩

美容
1 保養手指
2 手指油壓
3 讓頭髮變健康
4 多吃海藻類
5 用天然的產品染髮
6 少燙頭髮？
7 按摩頭皮
8 買衣服前先做計畫
9 買好的東西，長久使用
10 計畫性使用平價商品

交友
1 找見過卻沒聊過的人出去玩
2 試著和店員聊天
3 請朋友介紹同年齡層的女性
4 主動約人出去玩
5 與不同年齡層的人交朋友
6 找找看烏克麗麗同好
7 約人去滑雪
8 參加聚會
9 申請FB帳號
10 參加体驗課程

工作
1 整理收納指導
2 學習骨骼、個人色彩診斷
3 持續30秒素描
4 去見想見的人
5 多與人見面，了解大家想法
6 到外地輕旅行
7 和老公一起試「用手帳完成夢想」
8 了解「喜好」
9 了解「擅長」、「不覺得累」的事
10 未來會議

看的聽的
1 謝謝你，在世界角落中找到我
2 幸福的彼端
3 還有第11人！
4 愛情，不用翻譯
5 戀夏500日
6 狂人皮埃羅
7 香蕉人的廣播節目
8 蝴蝶效應
9 命運石之門
10 Beautiful Dreamer

閱讀
1 大亨小傳
2 這裡好無趣 來帶我走
3 群陽子
4 角田光代
5 鋼之鍊金術師
6 CHIKIRIN
7 月亮和六便士
8 BANANA FISH 戰慄殺機
9 高橋留美子
10 性命出售

假日休閒
1 請教朋友的愛書和电影、漫畫
2 有哪些，然後去看。
3 每2個月1次小旅行
4 每2個月趁天氣好時搭1次电車
5 做日光浴
6 賞花
7 去Zushi Beach Film Festival
8 和老公漫遊東京
9 春天時去寫生
10 計畫性的旅遊，度假

其他・喜歡的事
1 做Artist Dates的練習
2 參加少數人的聚會
3 去台灣
4 積極實現自己的願望
5 把和室整理成溫暖舒適的空間
6 買有鍍銀的花盒
7 享受單純的生活
8 用Spotify聽聽看西洋歌
9 用apple pencil畫畫
10 放手去做喜歡、有興趣的事

練習

4

「理想目標」的許願籤

寫完每天的筆記後
找個地方寫一個心願

透過之前的練習，各位應該有發現「原來自己有那麼多想做的事」。接下來，從中選出一項當作目標。第4個練習就是「鎖定一個夢想」。同時進行很多事不容易，夢想也是如此。過程中很可能會想放棄，所以必須讓自己專注投入，我想到的方法是寫「許願籤」。從許多想做的事當中選出一項，完全聚焦在那件事情，告訴自己「現在只做這個」。

「如果每天都是七夕，也許就能實現更多夢想」這種想法使我萌生了寫「許願籤」的念頭。日本人過七夕會寫許願籤，那是一張小小的長方形紙條，正因為寫的空間有限，必須仔細思量之後才能寫下夢想或期望。「仔細思量」後才「寫」的那份決心，成為追尋夢想的動力。

方法很簡單，請設定一個理想目標，和當天的筆記分開寫。重點是，日後重看會覺得格外不同，但用字遣詞也不必太嚴肅。持續地許願可以激勵自己。

利用紙膠帶簡單裝飾

貼紙膠帶做裝飾，增添特別感。用彩色筆畫插畫也OK。營造出歡樂的「許願」氣氛，讓自己充滿幹勁。

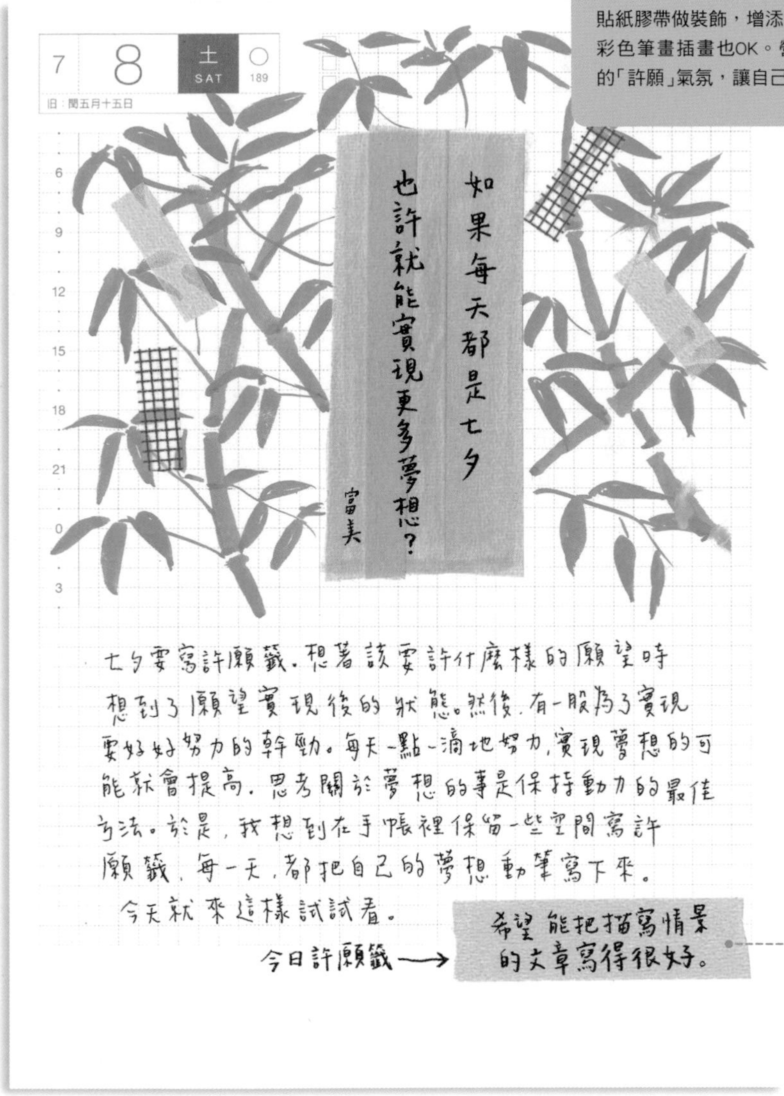
7 8 土 SAT 189
旧：閏五月十五日
如果每天都是七夕
也許就能實現更多夢想？
富美
七夕要寫許願籤。想著該要許什麼樣的願望時
想到了願望實現後的狀態。然後，有一股為了實現
要好好努力的幹勁。每天一點一滴地努力，實現夢想的可
能就會提高。思考關於夢想的事是保持動力的最佳
方法。於是，我想到在手帳裡保留一些空間寫許
願籤，每一天，都把自己的夢想動筆寫下來。
今天就來這樣試試看。
今日許願籤→
希望能把描寫情景的文章寫得很好。

七夕那天看到網友在網路上熱議，思考該許什麼願的時候，我想到了這個練習。儘管想做的事很多，鎖定一個「如果可以這樣就好了」的事來做才更有意義。

練習 5

抒壓清單

以自己的方式消除壓力

寫筆記的意義之一就是在發生某些狀況時，能夠有參考的依據。例如：這種時候我會很開心、這種時候容易變得煩躁……打開筆記就能了解自己的情況。

因此，我認為筆記裡應該寫些為自己打氣的內容。結果某一天，我在常逛的部落格看到了「抒壓清單」。

「抒壓」是指消除或抒發壓力的方法，「抒壓清單」就是列出對自己有效的方法。寫了這個之後，我深深覺得筆記真是我的好幫手。

考量到不同的狀況，方法當然是越多越好，大概控制在100個左右。以時段、場所，或是飲食、閱讀等動詞進行聯想，這和練習3一樣，先寫出主題就能輕鬆完成。因為有主題名稱，找起來也比較方便。

1.先思考「何時開始？」

從時段來思考的話，可以寫出許多方法。例如，舒適的早晨做了什麼？睡前做什麼能夠放鬆？像這樣，用一天的流程來進行聯想。

2.用動詞思考

「看、閱讀、飲食」等，利用動詞也能聯想。

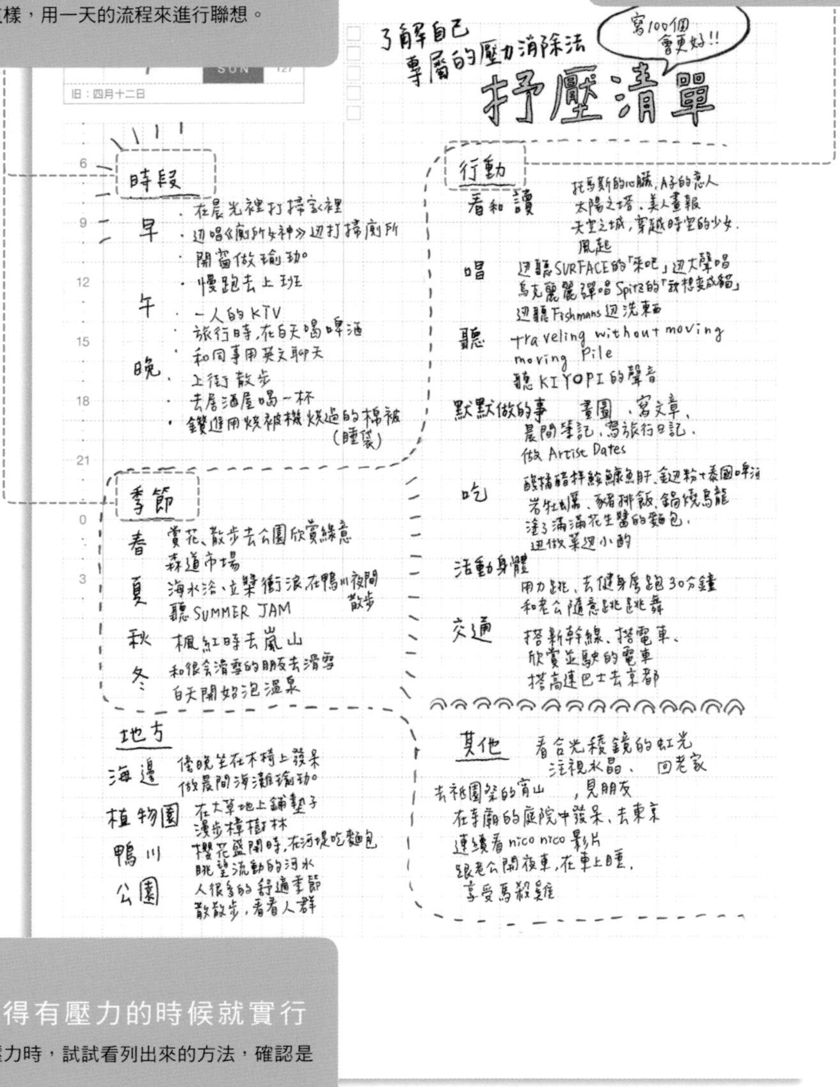

3.覺得有壓力的時候就實行

感受到壓力時，試試看列出來的方法，確認是否有效。

因為太空醫師緒方克彥的介紹，

「抒壓清單」在日本成為有名的抒壓方法。

上圖是我在2017年5月7日第一次寫的抒壓清單。

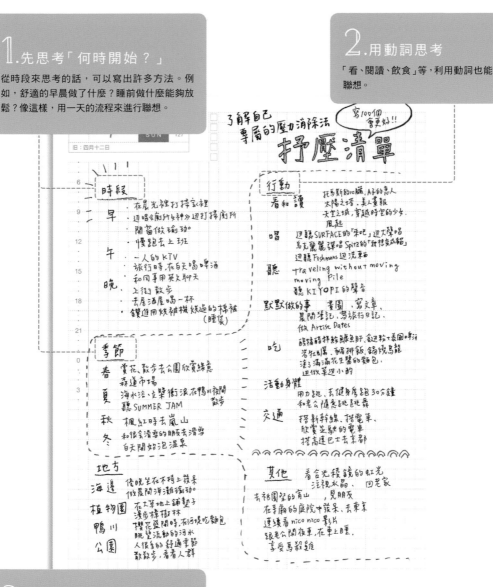

「5個練習」有效的理由

——我老公因此找到了夢想

透過前文介紹的5個練習，我想各位應該有感受到寫筆記的效果，比如發現自己曾經喜歡的事物，或是想嘗試的事情等。而且，也從中找到許多激勵自己的話語。所以當你沮喪時，打開筆記翻閱能夠獲得安慰，我也會很開心。

我和老公因為工作的關係，彼此的假日經常錯開，我老公放假的時候幾乎都宅在家裡，無所事事地度過。其實他也覺得「這樣好像很浪費時間」，而他在試過這些練習後，頓時變得很有行動力。

尤其是「偏好導圖」和「想做的100件事清單」對他產生了很棒的影響。他發現自己很喜歡拍照以及與人互動，後來還自己訂旅館車票，主動出門旅行。

開始會做事前規劃、單獨去旅行的老公令我相當驚訝。以前的他總是消極地

說「不知道要幹嘛，今天在家睡覺好了」之類的話，而現在他有這樣的轉變讓我很開心。即使沒有特別要去哪兒的打算，現在的他已經不會為了下週末要做什麼而煩惱，或是擔心自己沒有任何興趣而沮喪。

深入了解自己後，想做的事變多了，而那些事將帶領你找到夢想。在這5個練習當中，假如有一個做完了會讓你感到雀躍，請試著利用假日展開行動。寫筆記是改變未來的第一步。

CHAPTER:3

寫得簡單，看得暢快

富美式筆記的基本寫法

「文、圖、標題」——朝夢想接近的3要素

我不是運氣好的人，為了實現夢想必須一步一腳印地努力付出。偏偏我又不是很勤勞的人。「一步步」努力的過程中，我經常重看筆記。「別擔心！你已經做過了這麼多努力啊」、「雖然是小事，但我做到啦！」，筆記本裡有許多激勵自己的話語。

因此，方便閱讀是寫筆記的重點。就算是半年前的筆記，為了能一看就知道內容，必須使用「文、圖、標題」的架構來做記錄。

先寫文章。想好要寫什麼後，打開筆記本，不需要打草稿，把想寫的事直接寫出來。接著畫圖，用簡單的圖表現看到的事物或感受，這麼做能夠連接記憶，日後回顧時，很快就會想起當天的事。最後才是標題。寫完文章畫完圖，心情也整理好了，「這就是我今天想寫的事啊」，進而濃縮成精簡扼要的一句話。看了那句話就能想到大概的內容，就像是你的「個人語錄」。

本章將介紹寫文章、畫圖、下標題的重點。大小或順序、注意事項等，希望對各位會有所幫助。

1. 先從文章開始寫

別拘泥格式，仔細地寫出想寫的事。寫的過程中會想到要畫怎樣的圖，或是令你靈光一閃的一句話。

8 27 土 SAT 240

旧：七月二十五日

因為「想變輕鬆」的想法，開始使用HOBO日手帳。1天丟掉1個東西，寫日記，1年應該就能丟365個東西。1天丟1個很容易，而且設定1年的時間是很大的目標，我覺得這個方式很適合我。1年後當我覺得好像變輕鬆時，夢想已經實現了。

2. 接著畫圖

除了畫配合主題的圖，用特殊字體寫關鍵字也不錯。

3. 加上標題

用一句話清楚表達「寫了哪些內容」。重看的時候，只看這個部分也能明白自己當時的想法。

東西變少後，「因為想了解壁龕，所以想學茶道」、「希望過著花香圍繞的生活」、「想把手邊的東西減少到可以收在車子後座的程度」，發現自己把手帳當作實現這些理想與目標的創意＋自習＋記錄實驗結果的筆記。

抱持夢想，把為了圓夢做過的事、想到的事都寫進手帳裡面，1年後離夢想越來越近。

原來，手帳擁有很驚人的能量。

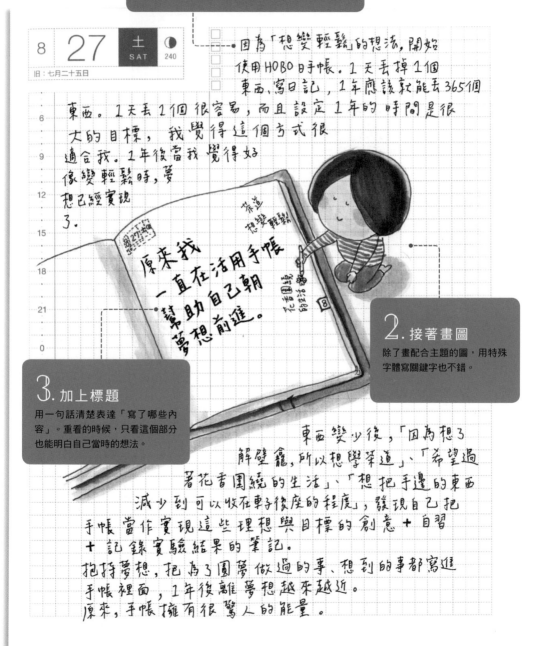

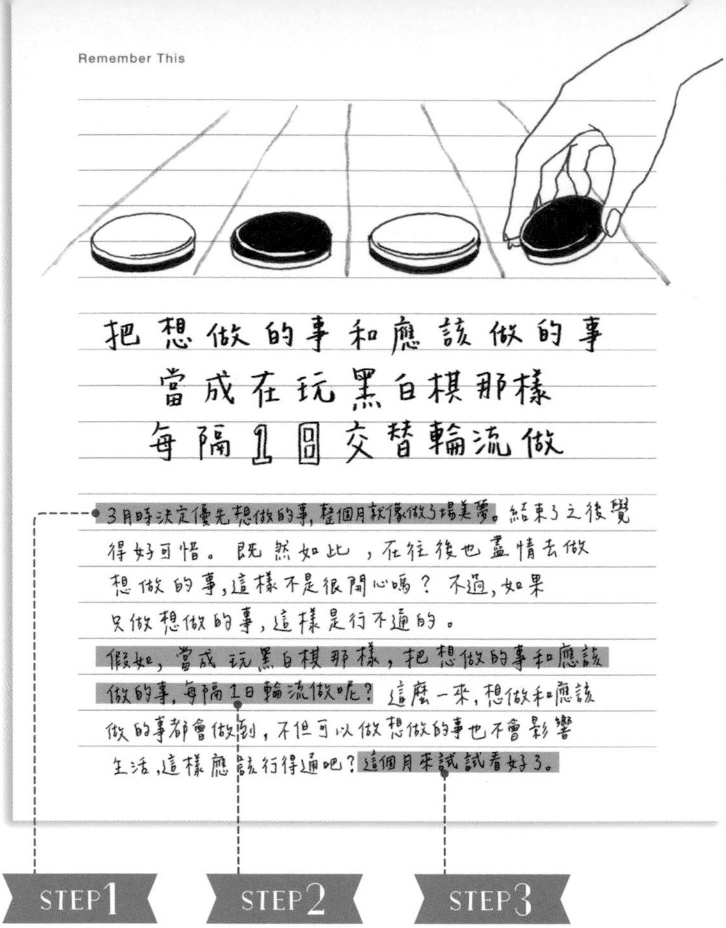
Remember This
把想做的事和應該做的事
當成在玩黑白棋那樣
每隔1日交替輪流做
3月時決定優先想做的事，整個月就像做了場美夢。結束了之後覺得好可惜。既然如此，在往後也盡情去做想做的事，這樣不是很開心嗎？不過，如果只做想做的事，這樣是行不通的。
假如，當成玩黑白棋那樣，把想做的事和應該做的事，每隔1日輪流做呢？這麼一來，想做和應該做的事都會做到，不但可以做想做的事也不會影響生活，這樣應該行得通吧？這個月來試試看好了。
STEP1
STEP2
STEP3

寫文技巧
1
讓「想做的事」和自己連結

文章的內容是當天決定。今天做了這樣的事、有怎樣的感受、對那種事感到不安……。除了記錄事實，如果對某件事有想法或煩惱或許都會成為機會。先別管是否能實行，把想到的解決方案全部寫下來。筆記本是你自己的東西，不必在意他人的眼光。

以我的情況來說，「這麼做或許會比現在更好吧」，即使是不確定的想法也照實寫，然後再從中選出可能做得到的事當成「預告」。那也是送給未來自己的禮物。為了圓夢而想做的事會變得具體並產生連結。

STEP1 試著回想當時的行動或心情

不必想成是「為了圓夢」而寫，只要試著回想當天的行動、心情，也許就能找到連結夢想的事。重點在於，打開筆記本後要好好地面對自己。今天發生了這樣的事、有過這樣的感受，在寫的過程中，內心的煩悶也會隨之消失。

例：
電腦跑得很慢，
難道是存了太多
檔案？

STEP2 就算是「或許這麼做可行？」也無妨

令你煩惱或擔心的事，有時反而是好機會。想發牢騷或吐苦水都沒關係，但如果一直寫負面的話，請先停筆冷靜一下。想想有什麼方法能平復你的心情，不管是否能實現，都先試著寫下來。

例：
來整理照片吧！
試著上傳到雲端。

STEP3 連結未來的「預告」

從STEP 2的方法中，找出想嘗試或可能做得到的事當作「預告」。這是給未來的自己完成夢想時的「禮物」。這份驚喜會讓你滿心期待那天的到來，寫筆記也會更樂在其中。

預告：
很想知道關於雲端
的事，查一下怎麼
用吧！

寫文技巧

2

用「推特」來評估字數

開始寫文章時，先決定好字數，寫起來會更順手。這麼做可預防寫太多看起來擁擠，或是寫太少留下空白。評估字數時，我通常會借用推特的概念，思考「如果是推特要發文幾次？」。推特文的字數上限是140字。想想看要寫的內容是否可以一次發文，或是再多一點，分次發文。

若是可以一次發文的內容，建議用以圖為主的圖畫日記，或是把標題寫得很大的構圖方式來寫。假如得發文兩次，文章約會佔頁面的三分之一，三次以上約為五分之四。

8 26 金 FRI
最近有興趣的事
MUJI HUT
產品設計師深澤直人以2人使用為出發點，設計了這個25m²的居住空間。雖然尚未出售，但我對它很有興趣……如果冰箱和洗衣機不算在內，我家的家當放進休旅車的後座綽綽有餘，我想25m²的空間已經很夠了。

約1/4頁

發文1次左右的文字量

約莫150字。若是短一點的句子，大概是3～5句。這樣的文字量佔頁面的1/4左右。

稍微超過發文1次的文字量

想寫300字左右的文章時，請保留1/3左右的頁面。適合兩個主題的簡短文章。

1 28 土 SAT
沒有冰箱的生活
…果然還是行不通…
冰箱的冷凍庫壞了。
…沒想到，就連冷藏庫也不冷了…?!!
…冷藏庫，也壞了。
為什麼家電用品會接連壞掉呢？才剛過完年，冰箱的冷凍庫就壞了，冰塊都融成水。原本1週只要買菜1次，後來改成週三、週日2次之後，冷凍庫不能用也沒差。可是，某天當我打開冷藏庫卻發現，怪了……溫度好像和室溫差不多……？冬天時，廚房的室溫總是低於10℃，所以沒察覺冷藏庫故障了（笑）。冬天因為冷還不要緊，在夏天來之前，還是要想辦法解決才行……不過，冰箱很貴啊……。

約1/3頁

從最上面開始寫起

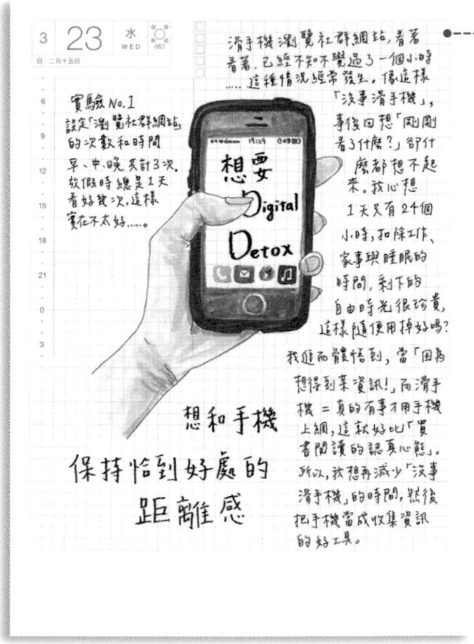
3 23 水 WED
滑手機瀏覽社群網站，看著看著，已經不知不覺過了一個小時……這種情況經常發生。像這樣「沒事滑手機」，事後回想「剛剛看了什麼？」卻什麼都想不起來。我心想1天只有24個小時，扣除工作、家事與睡眠的時間，剩下的自由時光很珍貴，這樣隨便用掉好嗎？我進而體悟到，當「因為想得到某資訊！」而滑手機＝真的有事才用手機上網，這就好比「買書閱讀的認真心態」。所以，我想再減少「沒事滑手機」的時間，然後把手機當成收集資訊的好工具。
實驗No.1
設定「瀏覽社群網站」的次數和時間
早、中、晚共計3次。放假時總是1天看好幾次，這樣實在不太好……。
想要 Digital Detox
想和手機保持恰到好處的距離感

似乎寫得有點多……

想寫450字以上的長文時，例如「今天覺得心情很悶」、「想回顧這個月發生的事」等。如果想寫的事很多，適合用這種方式。

寫文技巧

3

適時添加幽默感

想成是寫給朋友的信，寫出來的文章就會讓自己看了也能會心一笑。

最後的訣竅是「用字遣詞」。日後回顧是我寫筆記的前提，所以文章要能讓未來的自己看了心服口服才行。

未來的自己，就像是最麻吉的朋友。不過，即使是最麻吉的朋友，一直看到發牢騷的內容也會吃不消。既然如此，那就改變一下用字遣詞，最後加上看了會忍不住想笑的玩笑話，讓沉重的氣氛變得輕鬆些。

出其不意的詼諧語調，回顧筆記時也會覺得有趣，或許能讓未來的自己變得積極。

想寫負面消極的話語時，應該怎麼寫？

➡ 語言是多面體，試著改變說法或寫得幽默一點

不光是寫筆記這件事，我一向認為「語言是多面體」。

負面消極的話語影響力強烈，重看筆記時很容易被洗腦。如果腦中浮現「討厭、氣死人」這類的話，請試著改成委婉的說法，例如「我不喜歡這樣，要是這麼做也許可以稍微改變」。

寫得像詩一樣沒關係嗎？

➡ 筆記是專屬於你的東西，你想怎麼寫就怎麼寫！

以我的情況來說，通常標題會寫得像詩一樣，我都當作在寫廣告文宣。雖然難免會難為情，但我想把內心的感受好好地寫進筆記裡。反正看筆記的人只有我自己，所以不必在意他人的眼光。盡量寫看了會開心的話，用愉悅的心情面對夢想。

「圖畫」是舒心的記憶術，讓筆記變得有趣的必需品

為了達成「想變輕鬆」的心願，我在二〇一五年開始寫筆記。每天記錄一日一斷捨離的內容，每一頁的上半部幾乎都是物品的圖畫。全心投入畫圖這件事，令我感到非常愉快滿足。如此快樂的事，我每天都想做。一直以來對各種事總是三分鐘熱度的我，能夠主動且持續做是很大的魅力。因此，畫圖成為我寫筆記時的必備要素。

很忙的時候，難免會懶得寫筆記，但畫圖的樂趣讓我得以堅持下去。畫自己的Q版人物畫到傻笑，畫漂亮的香水瓶畫到忘我。如果只是寫文章肯定不會有如此舒心的效果。

對喜歡寫文章的人來說，文字就是這樣舒心的存在。不過，假如你還沒試過，請試著畫畫看。不管畫得好不好，畫簡單的圖即可。只是畫個圖，寫筆記這件事就會變得更加有趣。

此外，圖畫對記憶的鮮明度也有很大的影響。假設是寫令你感動的書，如果有印象深刻的場景、觸動內心的封面、與內容有關的實際體驗，這些都是畫圖很好的素材。若只是文字的描述，日後重看這一頁，無法立刻浮現鮮明的回憶。可是有圖的話，就算沒有細讀內容也能快速想起當天的感受。

圖畫是令人舒心的記憶術，看圖能夠喚起回憶，讓我們充分回味人生。

畫畫看裝飾文字

雖然不是畫「圖」，試著把標題或重要的文章畫成裝飾文字。線條加粗、加陰影，光是這樣氣氛立刻不一樣，很適合不太會畫畫的人。雜誌或海報的特殊字體也是不錯的參考。

單一主題

食物、喜歡的器皿、讀過的書……。挑戰畫物品的時候，建議先從手掌大的小物開始著手。此外，選擇「能夠畫出整體形狀」的物品也是重點。要是畫不出烤好的蘋果派，那就畫蘋果。反正是相同主題，輪廓線條簡單的物品會比較好畫。

2 25 水 056
旧：一月七日
marks&web送的薰衣草乾燥花，擺在盥洗室快要1年，每次看到總覺得「好像積了不少灰塵」，搞得心情很糟，所以我丟了。我的愛書凱倫金斯頓《丟掉雜物，開創未來》的內容也提到：「在家中擺死物（沒有生命的物體）＝乾燥花，是很不好的事情……。」
DRY FLOWER
斷捨離的物品
反正沒必要刻意去擺鮮花做裝飾那麼就乾脆不要擺花

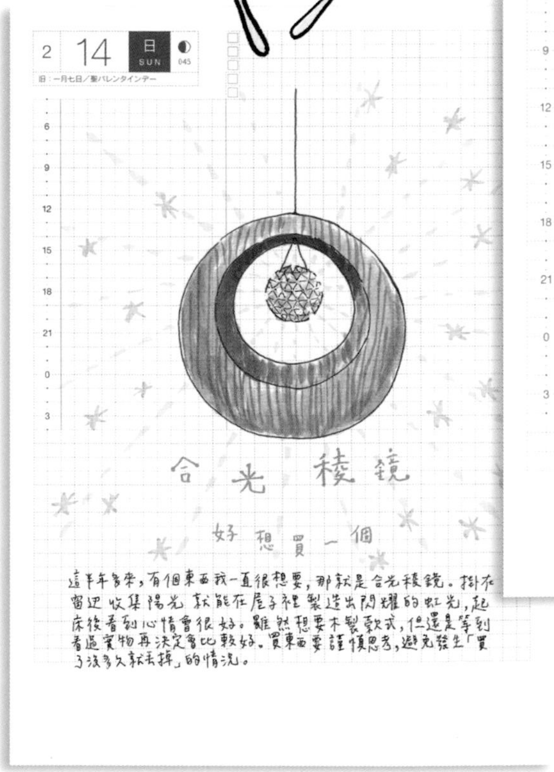
2 14 日 SUN 045
旧：一月七日／聖バレンタインデー
合光稜鏡
好想買一個
這半年多來，有個東西我一直很想要，那就是合光稜鏡。掛在窗邊收集陽光就能在屋子裡製造出閃耀的虹光，起床後看到心情會很好。雖然想要木製款式，但還是等到看過實物再決定會比較好。買東西要謹慎思考，避免發生「買了沒多久就丟掉」的情況。

如果是畫衣服
靜物＆平面最簡單

寫欲購清單時，直接把衣服畫出來會很方便。穿在身上的狀態不好畫，若是平面的圖像就簡單許多。

重點是，畫的時候，想像把物品畫在方框裡。初學者可以先用鉛筆輕描外框，這樣比較好掌握比例。

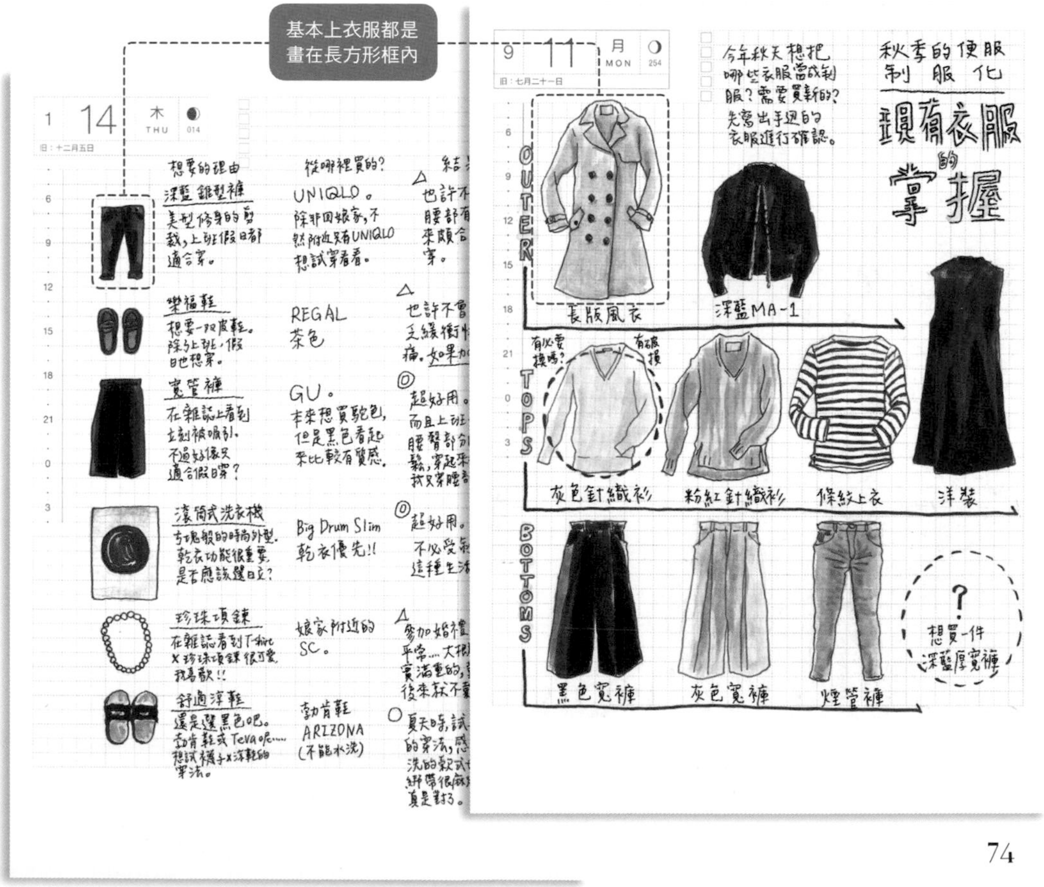

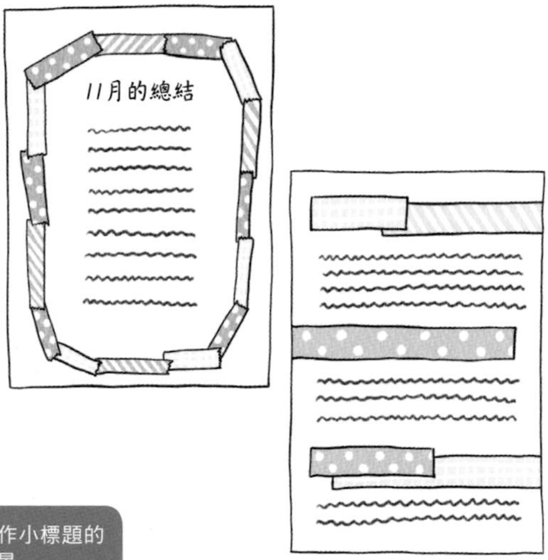
11月的總結

各種花色的紙膠帶超好用！

不知道要畫什麼時，貼紙膠帶就對了。貼在標題、日期或文章的周圍稍做裝飾，前文介紹的許願籤（P.55）也是不錯的用法。

簡單的圖案或單色的紙膠袋適用於各種內容，如果有喜歡的花色也可以試用看看。

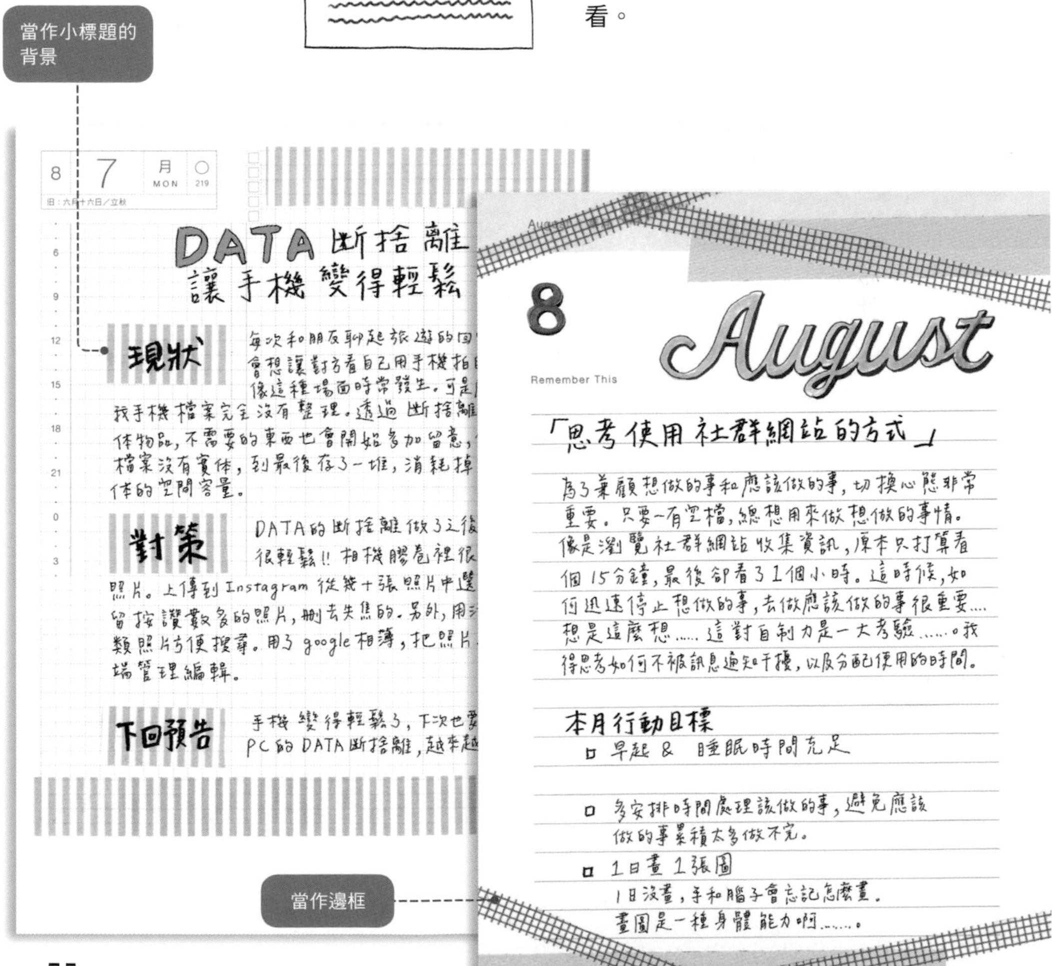
當作小標題的背景
8 7 月 MON 219
旧：六月十六日／立秋
DATA 断捨離
讓手機變得輕鬆
現狀
每次和朋友聊起旅遊的回
會想讓對方看自己用手機拍
像這種場面時常發生。可是
我手機檔案完全沒有整理。透過断捨離
体物品，不需要的東西也會開始多加留意，
檔案沒有實体，到最後存了一堆，消耗掉
体的空間容量。
對策
DATA的断捨離做了之後
很輕鬆!! 相機膠卷裡很
照片。上傳到Instagram 從幾十張照片中選
留按讚數多的照片，刪去失焦的。另外，用
類照片方便搜尋。用了google相簿，把照片
端管理編輯。
下回預告
手機變得輕鬆了，下次也要
PC的DATA断捨離，越來越
8
August
Remember This
「思考使用社群網站的方式」
為了兼顧想做的事和應該做的事，切換心態非常重要。只要一有空檔，總想用來做想做的事情。像是瀏覽社群網站收集資訊，原本只打算看個15分鐘，最後卻看了1個小時。這時候，如何迅速停止想做的事，去做應該做的事很重要....想是這麼想......這對自制力是一大考驗......。我得思考如何不被訊息通知干擾，以及分配使用的時間。
本月行動目標
□ 早起 & 睡眠時間充足
□ 多安排時間處理該做的事，避免應該做的事累積太多做不完。
□ 1日畫1張圖
1日沒畫，手和腦子會忘記怎麼畫。
畫圖是一種身體能力啊......。
當作邊框

創造專屬的Q版人像

如果你能馬上畫出簡單的圖，試著畫畫看自己專屬的Q版人像。用文字無法充分表達的話語或心情，有時透過Q版人像就能生動傳達。

無論是自己的人像或喜歡的動物都可以。畫的時候會覺得很愉快，寫筆記也會更樂在其中。

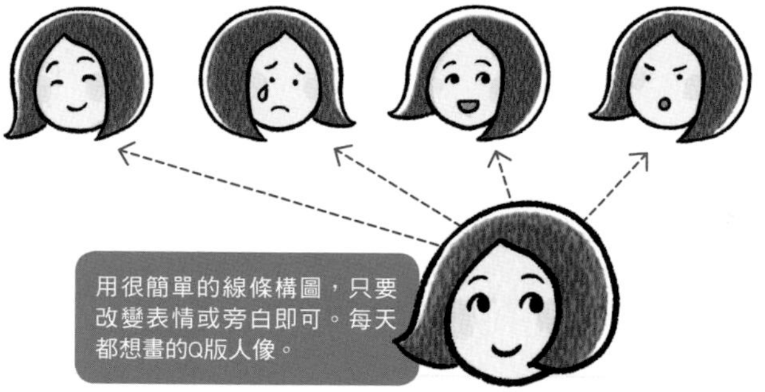
用很簡單的線條構圖，只要改變表情或旁白即可。每天都想畫的Q版人像。

2
4
木
THU
035
旧：十二月二十六日／立春
畏寒症對策&瘦臀進度報告之1
1. 抬起、放下腳尖
2. 抬腿
3. 邊練背肌邊打滾
4. 臀部走路
沒有蓋電熱毯&光著腳睡一晚完全沒問題
原來我的身体也是有發熱的能力……覺得很開心。
以前只要覺得冷，會馬上使用暖爐、暖爐桌或電熱毯，完全沒試過「靠自己發熱」。後來因為想要靠自己的力量取暖，覺得冷時就活動身体。睡前好好做伸展操，就連腳尖也變得暖呼呼，舒舒服服一覺到天亮!!
我從小的Q版人像就是這種感覺。

仔細描繪喜歡的物品

如果把「想畫」的信念當作個人特色，畫得好不好並不重要，只需盡情去畫喜歡的東西。仔細描繪小東西，基礎練習是要畫出立體感。除了臨摹實物，也能邊看用手機拍的照片邊畫出陰影或光線，更容易畫出立體感。

1. 將實物擺在手邊看。
2. 對照手機裡的照片比較好畫。
3. 影子塗黑，反射的部分塗白。把所見畫出來就會變得立體。
repetto
淡香水
國中時看了安野夢洋子的
《美人畫報》之後，一直很想用香水，
但我不知道如何選擇適合自己的
香水，所以遲遲沒有下手買。某天
聽到廣播，TKO的木下先生說「這
個外觀我喜歡！就是個好理由」、「配
合穿搭選擇香味」，覺得他說的真
棒。於是，我用外觀和香味選了這
瓶香水……光看就覺得很開心。
買了香水

以全身的穿搭檢視衣服

穿著衣服的狀態確實不太好畫。不過，要思考穿搭的話，那就試著畫畫看。就像看到網站或雜誌介紹的穿搭會馬上有聯想，畫全身圖時，細節的部分也要留意。無論是手邊的衣服或之後想穿穿看的衣服，畫的時候也要留意自己的髮型或配件。

畫全身圖的訣竅

1. 實際穿了之後拍下來。在鏡子前自拍，或是請人幫忙拍。至於之後想穿穿看的衣服，可以參考雜誌或廣告。

2. 邊看 1 的照片邊畫。要控制好頭、上半身、下半身的比例（請參閱左頁）。

3. 翻到背面，再次確認有無歪斜或左右不平衡，立刻修正不滿意的部分。

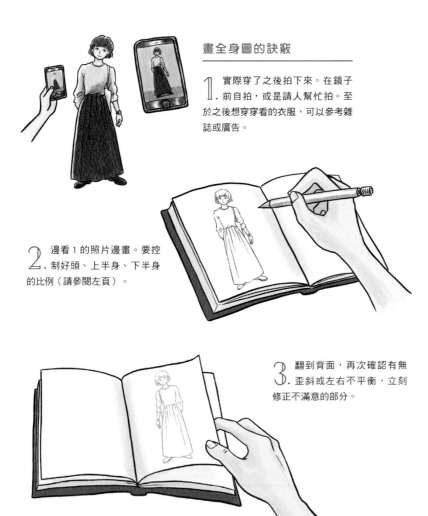

個別介紹配件，看起來方便易懂。

150
旧：四月二十三日
便服的制服化
和老公一起
到附近走走
走在人行道時，白色皮革感覺很優雅。
HYKE × adidas 運動鞋
在人行道或沒有鋪築的路都很好走。把襪子脫掉就能下水。
teva 運動涼鞋
喜歡白襪微露肌膚，感覺好像還是好學生。
黑色包頭鞋×白短襪
移動範圍在家附近的話，比如出門吃晚餐或逛書店，幾乎都是相同的穿著打扮。真的像在穿制服。如此穿很舒服，喜歡可遮腹腰的寬鬆剪裁。
頭1
無印條紋T-Shirt
上半身2
半月形肩包
黑色褲裙
下半身4
依當下心情選鞋子

只要掌握頭1：上半身2：下半身4的比例，就能畫出好看的全身圖。

要先寫文章時，先預留畫全身圖的空間。

物品和「手」同框的畫法

想畫出物品大小的特徵，或是初次接觸的珍貴物品時，和手一起畫更能表現出物品的尺寸感。

以下圖為例，這是我買了旅用毛巾的筆記。如果只畫毛巾無法表現出小巧的尺寸，放在手中的話就一目瞭然。這種方式比寫實際的尺寸更容易明白。

畫的順序

1. 放在手中，決定構圖。為了畫的時候能夠再次確認姿勢，請用非慣用手的另一隻手拿。
2. 拍照。
3. 邊看照片邊畫。這樣一來，比起實際拿著畫簡單多了。

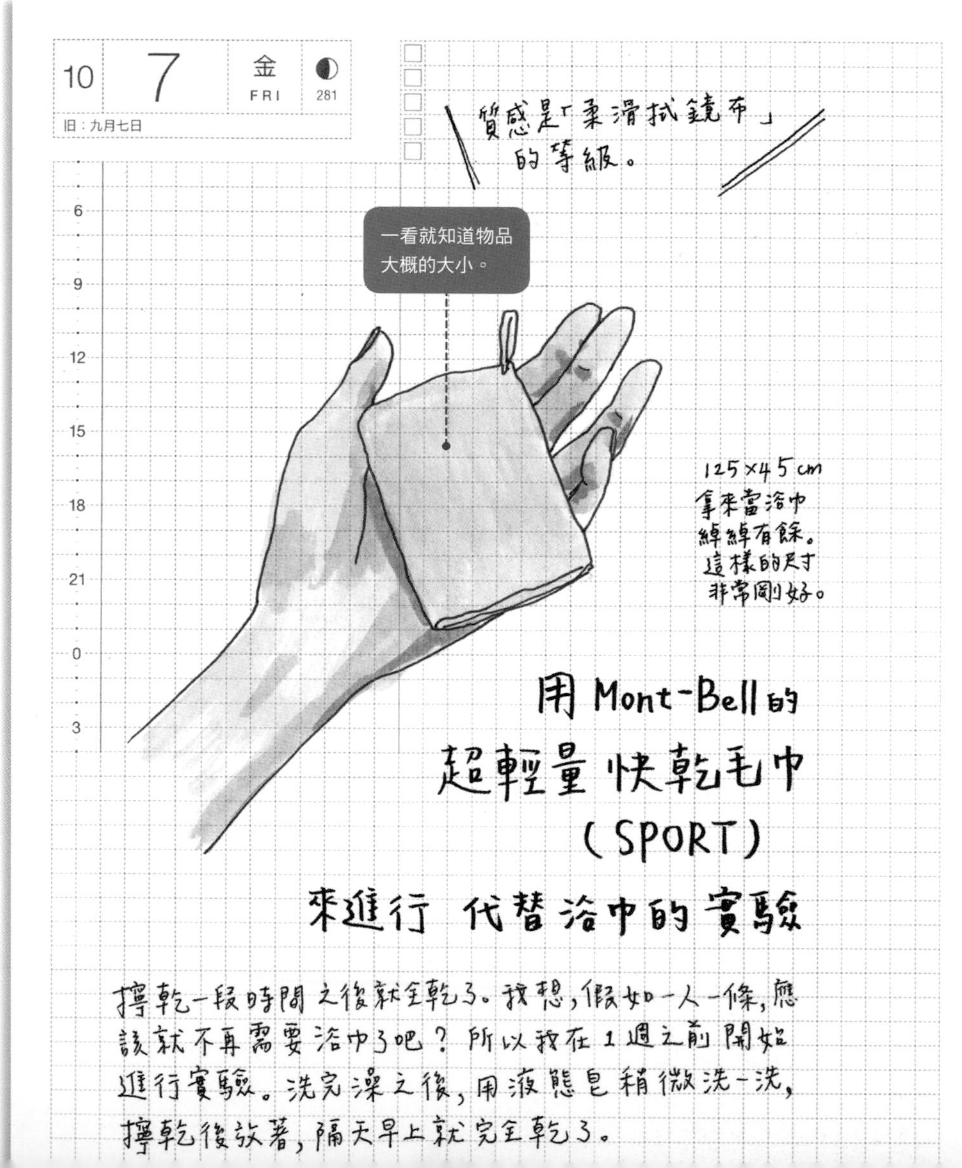

10
7
金
FRI
281
旧：九月七日
質感是「柔滑拭鏡布」的等級。
一看就知道物品大概的大小。
125×45cm
拿來當浴巾綽綽有餘。這樣的尺寸非常剛好。
用Mont-Bell的
超輕量快乾毛巾
(SPORT)
來進行 代替浴巾的實驗
擰乾一段時間之後就全乾了。我想，假如一人一條，應該就不再需要浴巾了吧？所以我在1週之前開始進行實驗。洗完澡之後，用液態皂稍微洗一洗，擰乾後放著，隔天早上就完全乾了。

一天當中發生的各種事

如果想畫的圖很多，好比旅行的記錄等，試著濃縮成一頁。即使都是小圖，全部畫完後也會十足成就感，我通常是畫 3 ～ 4 個小圖。通常有畫人的圖只要超過 1 個，看起來就會顯得熱鬧豐富。

畫的順序

1. 重看拍的照片，選出想畫的場景。
2. 大概決定好要畫幾個圖，以及畫的位置。
3. 畫圖、寫文章。

9 3 土 SAT 247
鎌倉悠閒之旅
鎌倉悠閒之旅
眺望江之島美景
放鬆愜意……
「在沙灘上，眺望海景發呆——」
我很想這樣，所以決定去鎌倉旅行。
看著在海上玩耍的人，整個人徹底 chill out。
SUP YOGA
仰躺在浪板上，雙腳泡在海水裡的大休息姿勢(Savasana)超舒服。
材木座露台
享用晚餐 邊看海邊吃
伴隨著嘩啦啦的大雨。
在民宿「耳日」
開共餐派對
民宿的氣氛很溫馨，和初次見面的人聊了很多，度過有趣的時光。

設定「標題」有助於整理思緒

我的筆記3要素，最後一個是「標題」。

其實，沒有標題對寫筆記不會有任何影響。不過，我認為標題就像是「個人語錄」。用自己的話統整當天發生的事，以適切通暢的詞句濃縮成一句話。標題好比自傳的目次，重看筆記時能讓我們清楚想起過去的回憶。

話雖如此，靈感也不是說來就來。起初我也費了不少心思，持續進行了一段時間的訓練後，總算找到了訣竅。

首先，將標題留到最後才寫。寫完文章畫完圖，把想說的話或資訊全部寫出來後，自然會找到適合當成標題的話。

而且，不必刻意想新奇的詞彙，從已經寫好的文章中尋找「有感覺」

的詞句即可。據說人類對於用眼睛看、或用耳朵聽的資訊會產生不同的感受。試著把寫好的文章唸出來，容易發現隱藏於其中的「重點」，針對「今天特別有感」的部分多唸幾次。重複唸的過程中，若發現「應該是這個」的字句或說法，請試著再唸一次，或是改變語調。假如身旁有其他人，就在心中默唸，唸到滿意即完成。

有標題的筆記看起來更完整，寫好的瞬間也會更有成就感。此外，重看所有的標題也能了解過往的經過。朝著夢想前進的每一天都這麼做，對於維持幹勁很有幫助。

寫過的標題，象徵了當時的心境

回顧以前的筆記，發現自己曾有過長期追求某個夢想的時期，也有過「僅此一天」的強烈期望，或是幾天後就完成的心願。標題象徵了當天的我。語調輕鬆代表那天的我很從容，格言風格的句子表示堅定的決心，即使已經過了好幾年仍是如此。

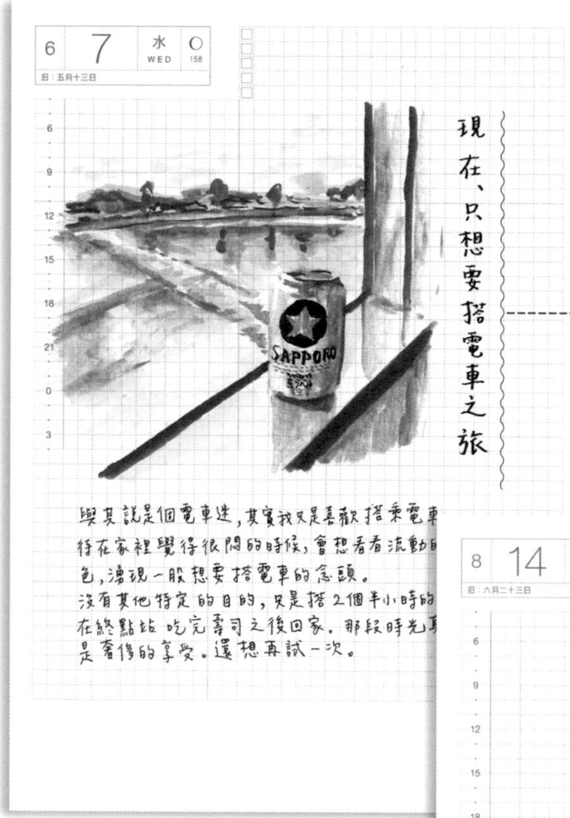
6
7
水
WED
158
旧：五月十三日
現在、只想要搭電車之旅
與其說是個電車迷，其實我只是喜歡搭乘電車
待在家裡覺得很悶的時候，會想看看流動的
色，湧現一股想要搭電車的念頭。
沒有其他特定的目的，只是搭2個半小時的
在終點站吃完壽司之後回家。那段時光真
是奢侈的享受。還想再試一次。

當天做過的事

「做過的事＝想實現的夢想」時，直接將行動當成標題。左圖的筆記是忙到心力交瘁的我，實現了「身心愉悅」的夢想。

實現的夢想很簡單

把重要的發現寫成格言

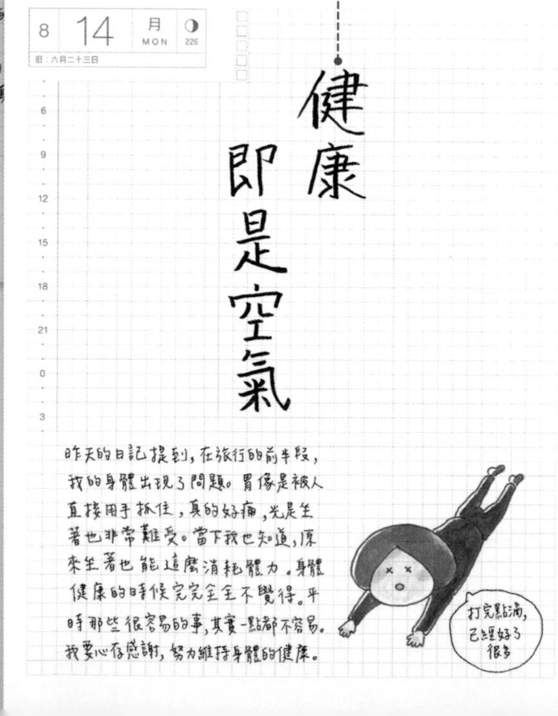
8
14
月
MON
226
旧：六月二十三日
健康即是空氣
昨天的日記提到，在旅行的前半段，
我的身體出現了問題。胃像是被人
直接用手抓住，真的好痛，光是坐
著也非常難受。當下我也知道，原
來坐著也能這麼消耗體力。身體
健康的時候完全全不覺得。平
時那些很容易的事，其實一點都不容易。
我要心存感謝，努力維持身體的健康。
打完點滴，已經好了很多

寫完文章的新發現

仔細寫下腦中浮現的想法時，得到了啟發。寫之前先唸唸看，覺得唸起來通順再寫成標題。

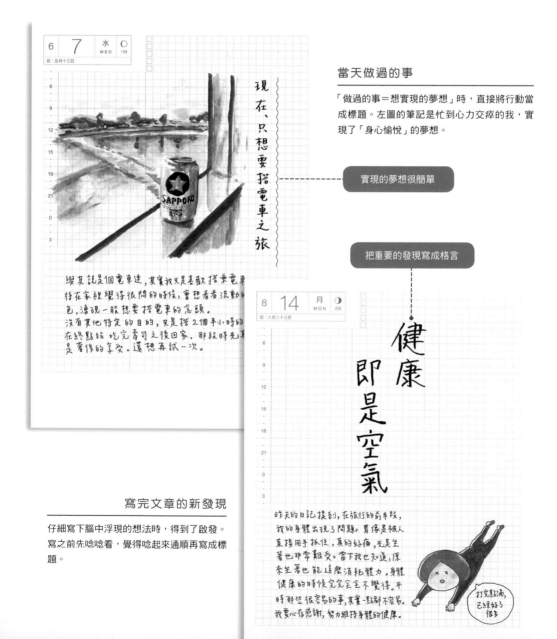

4
16
木
106
旧：二月二十八日
便服的制服化之2
春秋的外出打扮
我發現自己喜歡上合身，下寬鬆的線條。最愛的條紋上衣穿起來輕鬆舒適，想用這樣做出充滿女人味的打扮。
這樣穿！很好
條紋上衣
×
寬鬆剪裁的長褲
×
簡單素雅的芭蕾舞鞋
×
白托特包
細腰帶真好看
黑色芭蕾舞鞋

定期寫的主題

必須花一段時間才能實現的夢想，必須反覆地寫。有段時期我希望自己「不再為了穿衣服而煩惱」，於是想出定期寫「便服制服化」這個主題。而且還設計了專屬的標題，每次都這樣畫，方便又省事。

決定好怎麼畫標題，寫筆記更有效率。

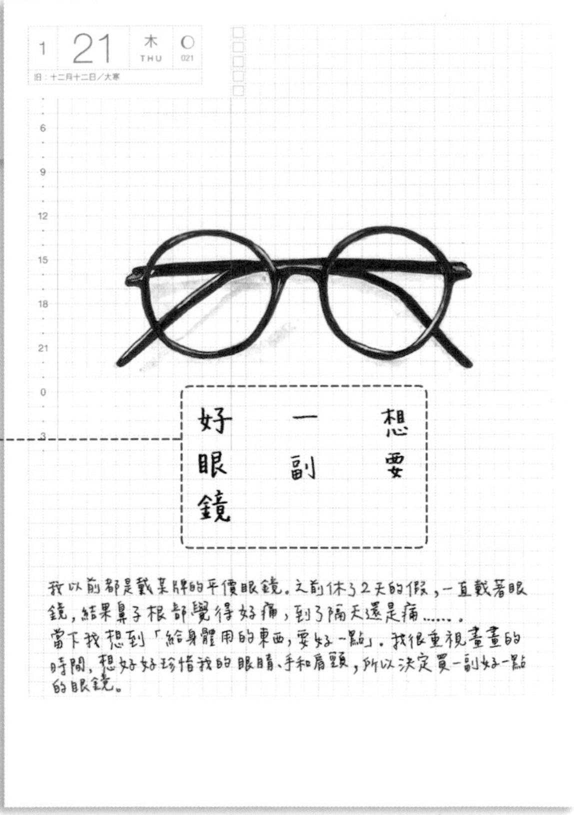
1
21
木
THU
021
旧：十二月十二日／大寒
想要一副好眼鏡
我以前都是戴某牌的平價眼鏡。之前休了2天的假，一直戴著眼鏡，結果鼻子根部覺得好痛，到了隔天還是痛……。
當下我想到「給身體用的東西，要好一點」。我很重視畫畫的時間，想好好珍惜我的眼睛、手和肩頸，所以決定買一副好一點的眼鏡。

把字寫大～一點。有時也會先寫標題

表明決心

決定做某件事的時候，為了強化自己的意識，將內容當作標題。預留多一點空間，視情況決定先寫文章或畫圖。

CHAPTER:4

寫得有點累了，該怎麼辦？

輕鬆持續寫的10大訣竅

只要持之以恆 夢想就會跟隨你

前三章介紹了寫筆記的價值，以及我的寫筆記方法，最後這章我想分享的是，養成習慣的「筆記持續術」和重新寫筆記的訣竅。

有筆記習慣的人，肯定有過不小心忘記或是太累懶得寫的經驗。把工作或睡眠、家事擺第一是理所當然的事。保有私人時間並不容易，如果又要培養新的習慣更是困難。

不過，如果能持之以恆，應該也會實現許多夢想。多寫筆記可以更了解自己，同時整理思緒，逐漸拉近與夢想的距離。夢想實現後，又有新的夢想……。既然筆記本是這樣的道具，持續寫筆記也等於是持續圓夢的努力證明。

遇到真正「想做」的事，就像是難得的奇蹟。我不想錯過那樣的奇蹟，所以每天寫筆記。人生說長不長，說短不短。為了維持一天內幾分鐘的熱情，我決定好好寫筆記。

1天走1步，1年就能走365步。儘管每天的變化不大——想到自己確實正朝著夢想接近，今天也有了寫筆記的動力對吧？

為什麼無法持續寫筆記？

CASE 1

雖然看書學到了技巧……

看了書覺得有趣卻沒有展開行動，也許是因為想實現夢想的期待度不高。就像我對於減肥也總是抱著「也許該試試……」的心態。所以，可能是那個夢想並未讓你有絕對要實現的強烈念頭。

CASE 2

想成是義務就寫不下去……

若是「想做」的事，花幾小時都沒問題，但如果變成「不得不做」就會半途而廢。這時候，請試著回想當初的那股熱情，假如還是沒辦法繼續下去，也許你該考慮暫停。

CASE 3

其實剛開始幹勁十足，後來卻……

想寫卻沒時間？請想想看夢想實現之後的感覺。如果會感到雀躍歡喜，那就值得調整一下生活作息，每天挪出10分鐘，當作夢想的專用時間。

訣竅 1

相信「筆記」對自己有幫助

無論是誰，一旦覺得「這麼做是為自己好」就能輕鬆養成習慣。筆記也是如此，只要認為「寫」筆記對自己有幫助、能夠拯救自己，自然就能持續下去。

以前我就是靠著寫筆記，實現了「想變輕鬆」的夢想。把快塞爆大腦的那些想法寫出來整理好，最後如願達成夢想。

而且，重看筆記時，不經意看到的一句話會帶給我激勵，也讓我忘卻當時的痛苦。雖然已經過了一段時間，自己的文章與圖畫仍擁有無可取代的價值。

寫了筆記，卻沒有
感受到效果的人

**成果出現前
已經累了……**

試著想像一年後的情況。即使今天的成果只有一點點，持續一年後的進步也是相當可觀，這麼想就會覺得很值得。今天的一小步絕對不是白作工。

**其實只是
沒有察覺到？**

有時我重看半年前的筆記，竟意外發現「咦，這個夢想已經實現了」。無論夢想小或大，重看筆記說不定會找到已經實現的夢想。

筆記是專屬於你的記錄。
寫下來的字字句句，日後都
會成為人生的關鍵提示

訣竅

2

備妥好用的筆

為了不影響寫筆記的心情，選擇適合自己的筆很重要。我的重點有兩個：不透墨、不暈墨。根據這兩點挑選寫標題用、寫文章與畫輪廓用、著色用的三種筆。

寫標題是用吳竹的「FUDEGOKOCHI」，寫文章與畫輪廓是用施德樓（STAEDTLER）的代針筆「pigment liner」，著色是用吳竹的彩繪毛筆「CLEAN COLOR Real Brush」。再加上打草稿的自動筆和橡皮擦，就是走到哪兒寫到哪兒的寫筆記組合。此外，為了畫出理想中的顏色，我著色時會用各種顏色。備妥方便使用且效果好的筆，寫字畫圖時更能樂在其中。

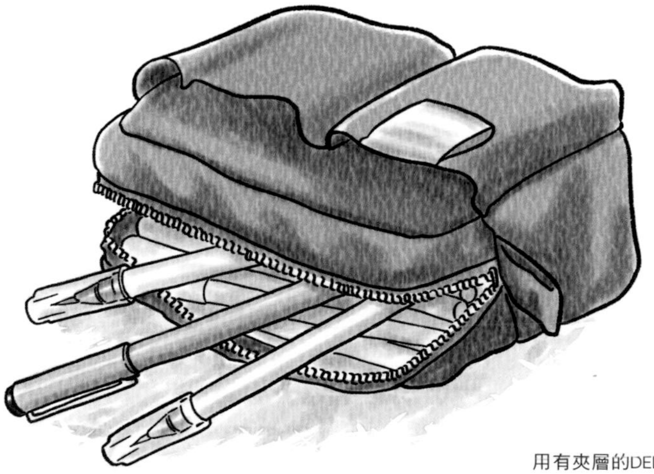

用有夾層的DELFONICS化妝包來放寫筆記用的筆。

主要使用的3枝筆

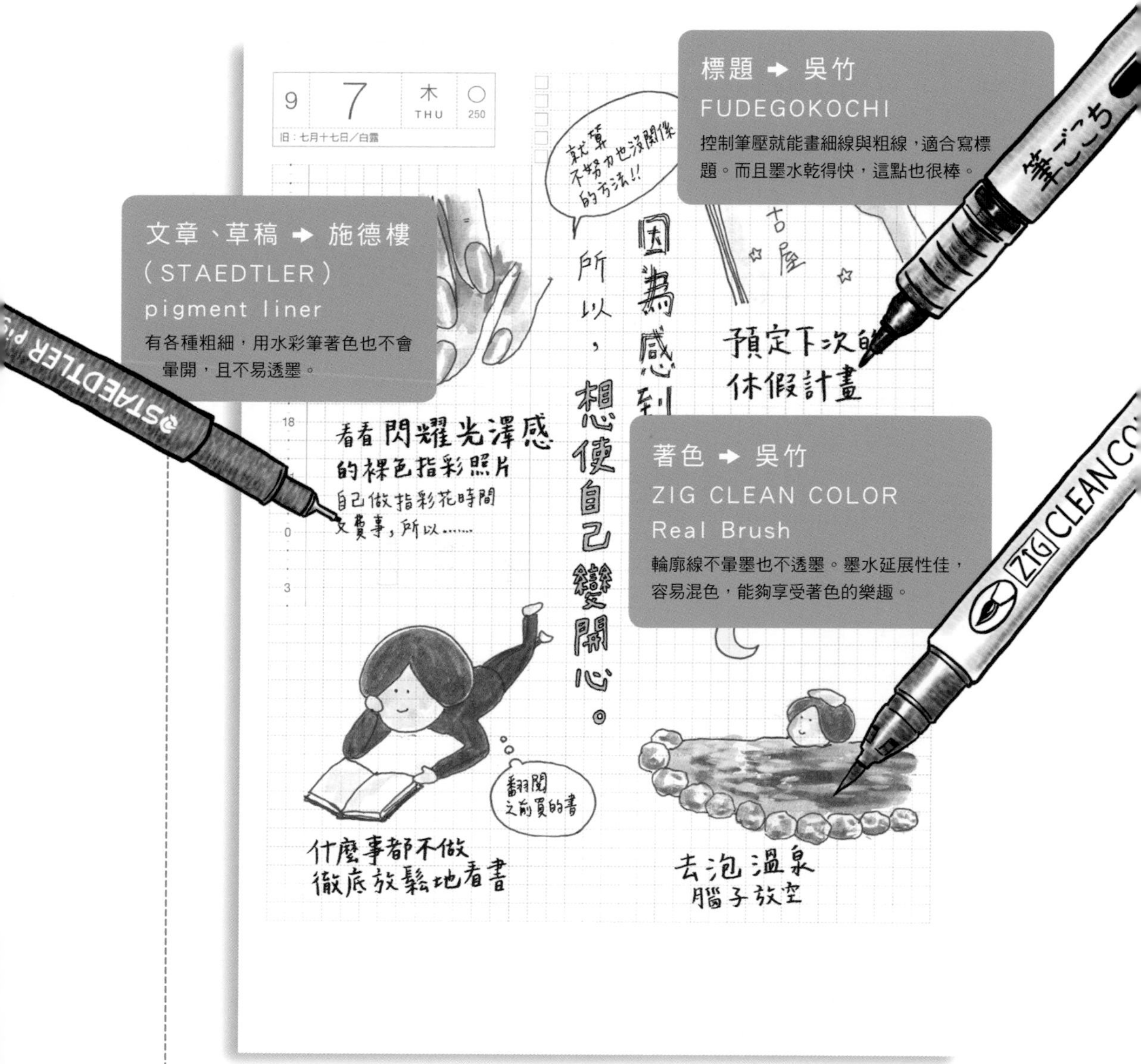

標題 ➜ 吳竹
FUDEGOKOCHI
控制筆壓就能畫細線與粗線，適合寫標題。而且墨水乾得快，這點也很棒。

文章、草稿 ➜ 施德樓（STAEDTLER）pigment liner
有各種粗細，用水彩筆著色也不會暈開，且不易透墨。

著色 ➜ 吳竹
ZIG CLEAN COLOR Real Brush
輪廓線不暈墨也不透墨。墨水延展性佳，容易混色，能夠享受著色的樂趣。

畫輪廓線還會用……
基本上是用pigment liner 0.2，想畫粗一點的線時，我會用rotrig Tikky Graphic 0.1，想畫很細的線時，用SAKURA PIGMA 005。

訣竅

3

先試著簡單記錄

想要持之以恆，「簡單」也很重要。所以，寫的內容不要太過複雜。如果覺得寫關於夢想的事，因為範圍太大不知如何下筆，那就試著單純「記錄」眼前的事實。

起床時間、今天吃了什麼、丟掉的東西等等，這樣的事實記錄會比較容易下筆。而且，寫了之後會有越寫越順的感覺，並從中獲得領悟。假如有想到要寫對策或其他想寫的事，請把握住機會。想做的事會產生連鎖效應，將你帶往美好的明天。

適合記錄的主題

- 今天的飲食
- 現在的體重、目標體重的差距
- 滑手機的時間與看的內容
- 手邊的衣服
- 今天丟掉的東西

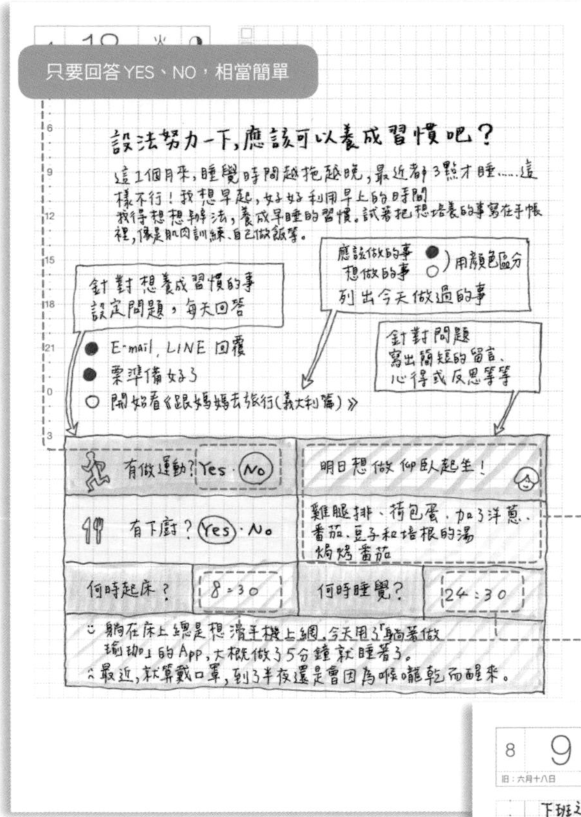

設法努力一下，應該可以養成習慣吧？
針對想養成習慣的事
設定問題，每天回答
應該做的事
想做的事
用顏色區分
列出今天做過的事
針對問題
寫出簡短的留言、
心得或反思等等
有做運動？Yes．No
明日想做仰臥起坐！
有下廚？Yes．No
何時起床？
8：30
何時睡覺？
24：30

只要回答YES、NO，相當簡單

旁邊補充簡短的回答

時間或體重等數字，直接填寫即可

生活習慣YES、NO

如果有想改變的生活習慣，記錄自己的變化也是件有趣的事。先想好能夠回答「YES、NO」的問題，效果會更好。回答的內容不必太長，這樣比較容易持續。

8
9
極簡主義者的

化妝包
便當
環保袋
小提袋

覺得東西好像變多了就做記錄

逐一畫出物品，看起來一目瞭然

畫出包包更有 fu

包包內容物

包包的內容物也很適合「記錄」。重點是，先畫下整理前的狀態。在那種狀態下你會有許多發現。

只列出清單也OK。另外像是書架或衣櫃，像這樣進行記錄，說不定會激起實行斷捨離的動力。

2017. 工作包ver.
macbook pro
資料夾和文件
iPad Pro & Apple pencil
iPhone 7 plus
錢包
鑰匙

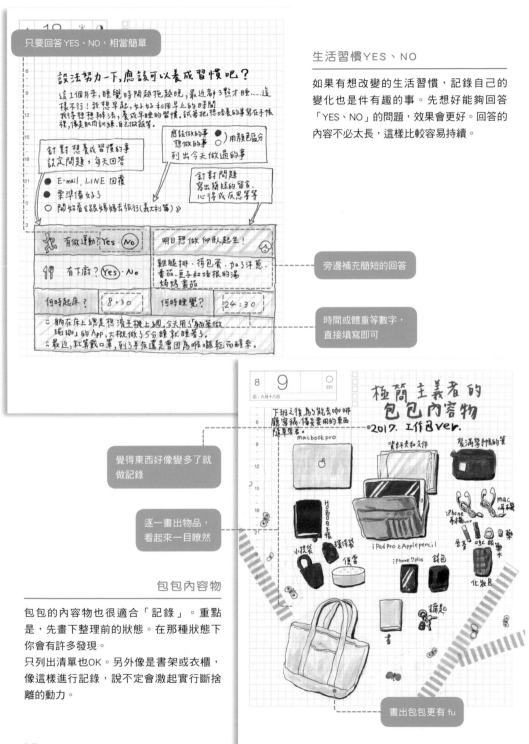

能夠「輕鬆進行」的其他記錄

個人記錄是人生的練習簿，也是磨練事物判斷基準的好方法。
以下介紹幾個適合記錄的主題，各位不妨試著寫寫看。

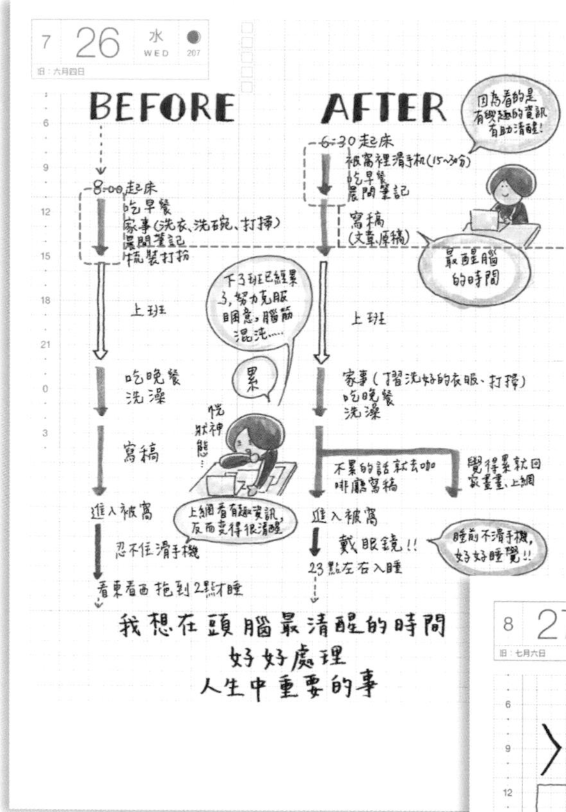

回顧一整天的經過

以時間軸的方式回想一天的經過。幾點起床、出門上班、吃東西、洗澡等。依序寫出來就會知道自己何時會集中精神或覺得累。

依行動改變箭頭的顏色

丟掉的東西與代用品寫在一起，簡單明瞭。

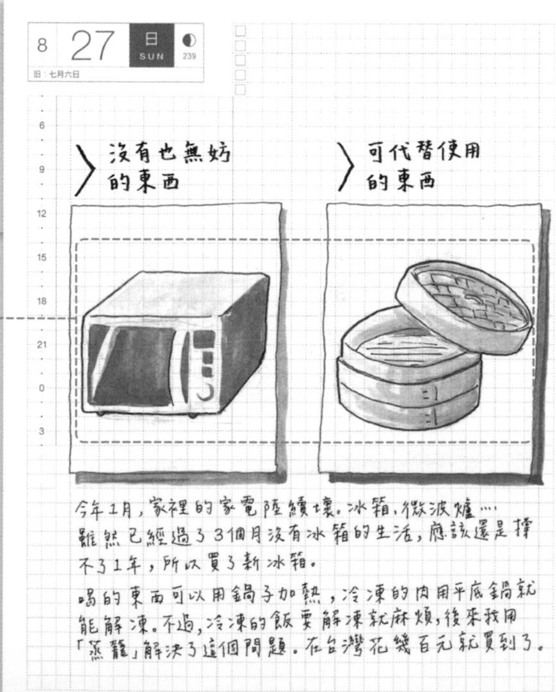

「丟對了！」的東西

這可當作日後判斷物品是否要丟的參考，幫助你培養「斷捨離」的判斷力。若有適合的代用品也一併記錄。

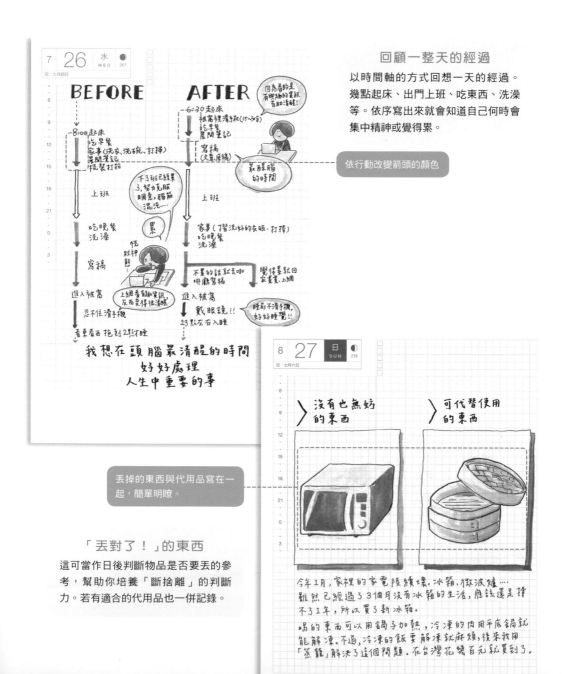

LA LA LAND
真是太棒了!!

電影心得

忘了感動的體驗是很可惜的事。只要寫下大綱、心得、印象深刻的部分即可。

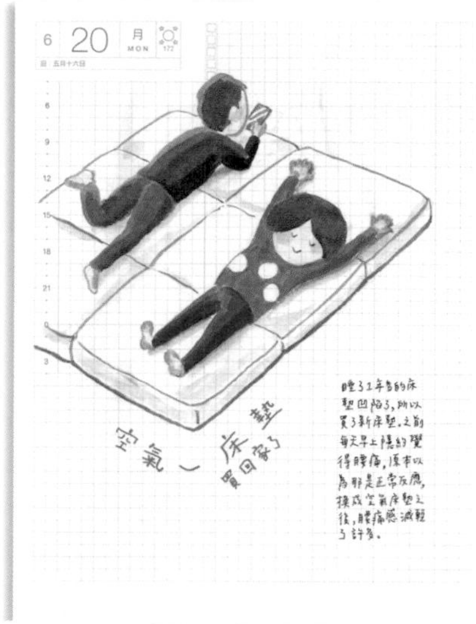

「買對了！」的東西

最好是買了一個月後再寫。真的覺得「很好用！」的話，在筆記中分析該物品的優點。

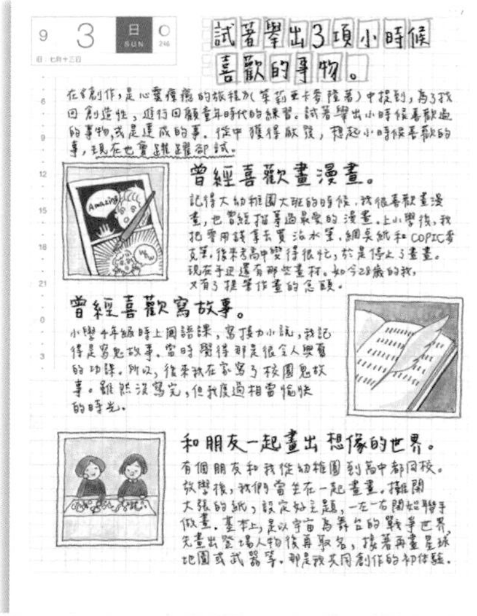
試著舉出3項小時候喜歡的事物。
曾經喜歡畫漫畫。
曾經喜歡寫故事。
和朋友一起畫出想像的世界。

小時候喜歡過的事物

據說回憶小時候可以發現自己擅長的事或喜歡的事。每次回顧筆記都會覺得心頭一陣溫暖。

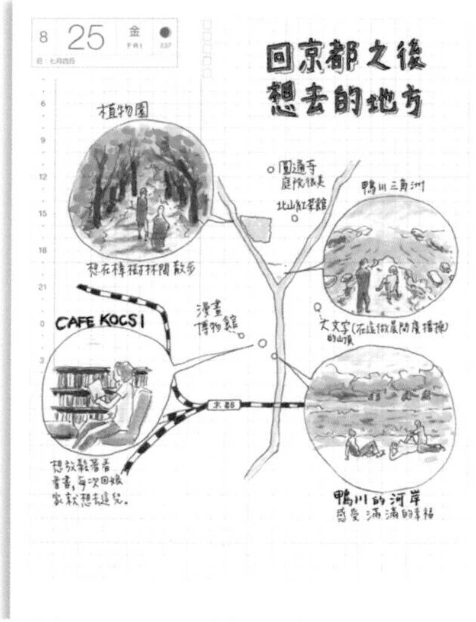
回京都之後想去的地方
植物園
CAFE KOCSI
鴨川的河岸

下次休假想做的事

當作擬定旅行計畫，寫好下次休假的安排。前一天再花五分鐘整理會更周全。

訣竅

4

用「確認表」有助於養成習慣

決定開始培養寫筆記的習慣後，第一個月或許是難關。在這個為了夢想而努力養成習慣的初期階段，建議使用確認表。

確認表最大的優點在於，能夠促使你想起自己的夢想。先做好整整一週的確認表，自然會想在方格內打勾勾，進行確認。

確認期間不要有太長的設定也是重點。確認項目最好一週更新一次，多更新幾次就能持續獲得滿足感。

☑ 有做運動？ IDEA1

想設定減重目標或覺得運動不足時，這麼做可以激發鬥志。重點是「簡單」的確認，畫圈或寫簡短的回答即可。

例：

有做運動？→ 圈選 YES 或 NO ◯

做了什麼？→ 騎30分鐘的腳踏車回家

☑ 幾點睡覺 & 起床？ IDEA2

想養成早起習慣的人，建議記錄起床與就寢的時間。睡前會滑手機的人，只要寫上床與實際入睡的時間，就會知道自己在睡前使用手機的時間有多長。

例：

起床時間？→ 8：00（比昨天晚15分）

就寢時間？→ 1：50（比昨天晚1小時）

☑ 有下廚？ IDEA3

想做飯卻經常外食的人，不妨進行飲食記錄。準備外食的時候，想起要寫確認表，自然會有「明天來做飯」的念頭。

例：

有下廚？→ 圈選 YES 或 NO ◯

做了什麼？→ 料很多的味噌湯

給明天的自己「預告」

在筆記的最後，寫下「預告」會激發明天繼續寫的動力，而且也不必煩惱該寫什麼，簡直是一石二鳥。今天沒做到的事、這麼做或許比較好……如果有這樣的想法，那就留到明天再寫。

有段時期，「把腦中的想像畫出來」是我的夢想。因此，我很想學會畫人的肢體動作，於是調查了人體的結構。試著畫出人體的肌肉後，又很想知道骨骼的結構，接著是皺紋、影子的畫法……想做的事接連出現，那段時期的筆記幾乎天天都有「預告」。

明天試試看這個吧
我覺得很不錯喔
這樣啊
今天來試試看

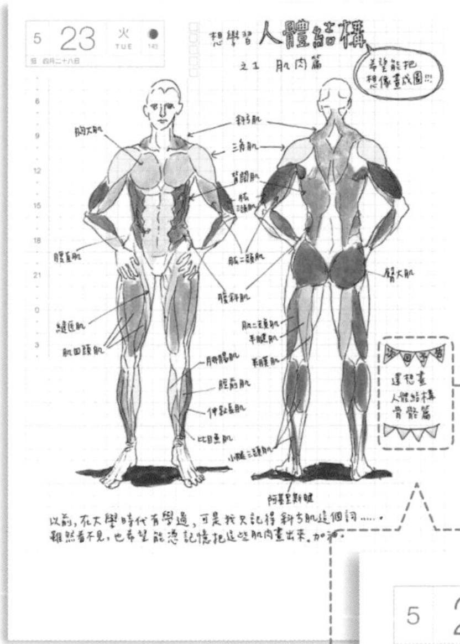

下次想做的事
先寫下來……
（當時想知道「骨骼結構」）

雖然今天沒有做
想趁著還記得的
時候試試看

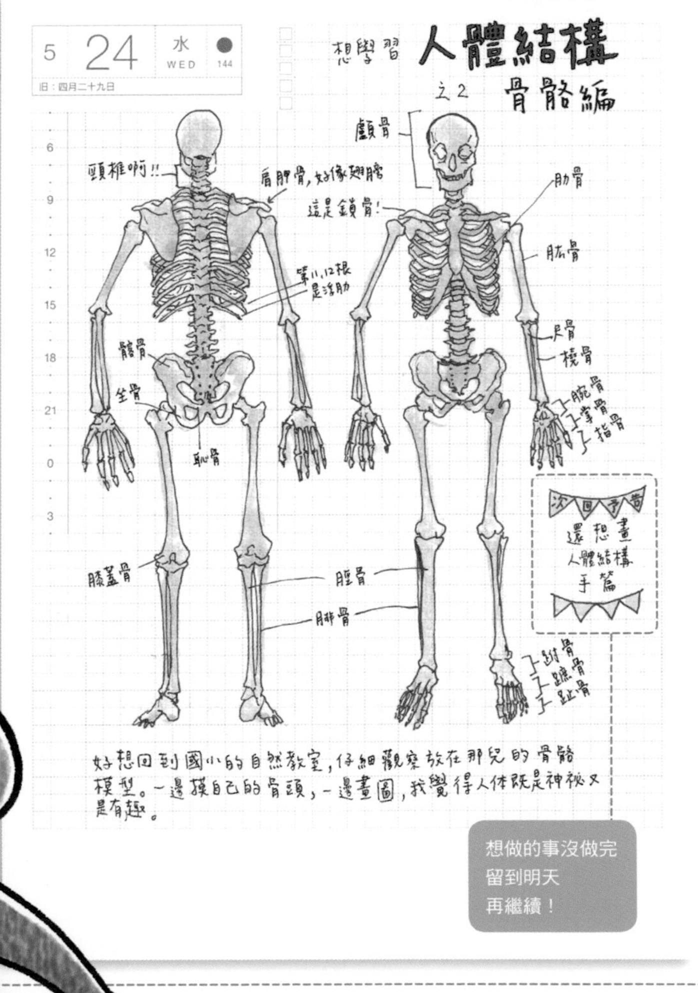

像在玩文字接龍
隔天試著完成
預告的主題

因為還有想寫的事，
滿心期待
明天的到來！

想做的事沒做完
留到明天
再繼續！

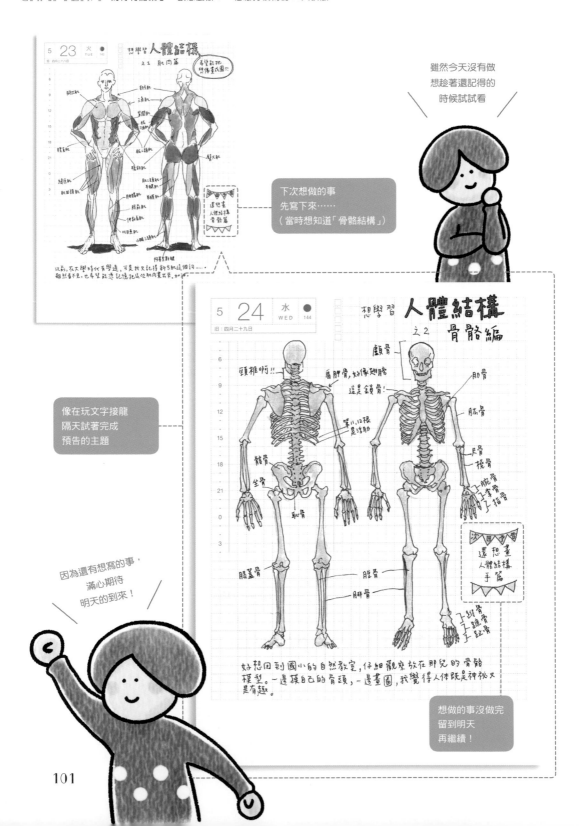

COLUMN

使用HOBO日手帳「cousin」的理由

一年使用一本筆記本的我，每到年底就會選購明年的筆記本。市面上有各種款式，我也用過好幾種，像是Rollbahn的線圈筆記本、無印良品的「易開筆記本」（A5）、LIFE的「NOBLE NOTE」等。

選購筆記本時，我的首要重點是，能夠盡情畫圖。因為畫出手邊的衣服或是思考穿搭，必須有足夠的空間。然後，為了方便實現夢想，有日期也很重要。某天做了哪些事一看就知道，感覺今天也能有填滿整頁的豐富內容，

CROQUIS隨身筆記本
用鉛筆或墨水都很好畫，
紙質相當適合畫圖。

對寫筆記充滿期待。

因此，這兩年我都是使用ＨＯＢＯ日手帳的「cousin」。以前是用文庫本的「original」，養成寫筆記的習慣後，為了有更多空間畫圖，於是改用大小將近「original」兩倍的A5（14.8×21cm）「cousin」。就連細微的部分也能上色，畫圖時更樂在其中。雖然紙較薄，選擇不易透墨的筆就能輕鬆畫（關於筆的介紹請參閱 P.92）。

另外，我還有使用小本的CROQUIS隨身筆記本，那是用來素描或打草稿。像是去看不能拍照的冰上表演，或者是不想弄髒保存記錄的筆記本，或者外出旅行時都會派上用場。

無印的「易開筆記本」頁面空間大且易翻，寫字畫圖都好用。

厚封面的線圈筆記本可當紙夾，站著做記錄時很方便。

訣竅 6

容易上手的下筆方法

已經有想寫的事卻不知道如何下筆，結果逐漸失去「寫的熱情」……。以前我也常遇到這種情況，於是我想出好幾種「這種經驗就這樣寫」的格式。

各位不知道怎麼寫的時候，請參考本書的範例，再調整成自己理想的寫法。希望這些範例能讓各位寫筆記寫得心應手、樂在其中！

FORMAT 1

檢視物品

任何東西都好，每天花些時間「檢視」一項物品，透過寫筆記整理思緒。要不要丟，之後再決定即可。

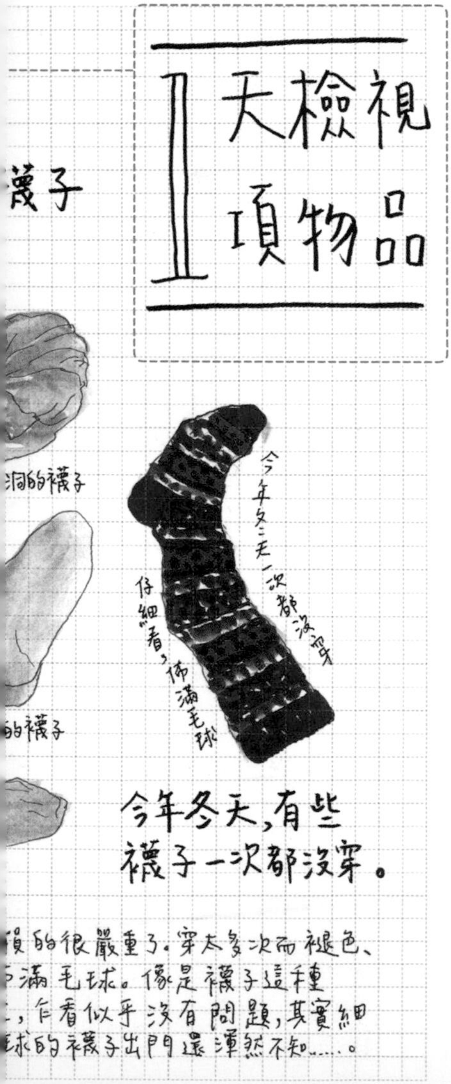

天檢視
項物品
今年冬天一次都沒穿
仔細看，佈滿毛球
今年冬天，有些襪子一次都沒穿。

2 29 月 MON 060
旧：一月二十二日
1天檢視1項物品
購自GU的長版西裝大衣
如果沒記錯，應該是2900円左右，超便宜!! 特大的剪裁是今年的流行款式，我也想跟風，所以在GU買了，這樣不用花大錢也能趕流行，感覺真不錯。
3
旧：二月七日
觀察冬天穿的
太常穿而開始褪色的襪子
腳趾破
因為常穿常洗而變硬的
只剩下一隻腳的及膝絲襪
看了手邊有的襪子，有些已經受
洗太多次而變硬，或是上面佈
消耗品，如果沒有時常檢查
部已經出了問題，穿著起毛

物品名稱
物品名稱是主角。

標題
設計專屬的標題，寫的位置也固定。

插圖
先用手機拍照，再邊看邊畫會比較容易。

文章
寫出「過去都如何使用？想丟嗎？沒有會感到困擾？」諸如此類的理由。

FORMAT 2

掌握手邊的衣服

2. 列出手邊的衣服，全部寫出來很重要（如果數量太多，只以文字記錄也OK）。

寫出手邊現有的衣服就會知道哪些衣服應該可以丟、又應該添購哪些衣服。

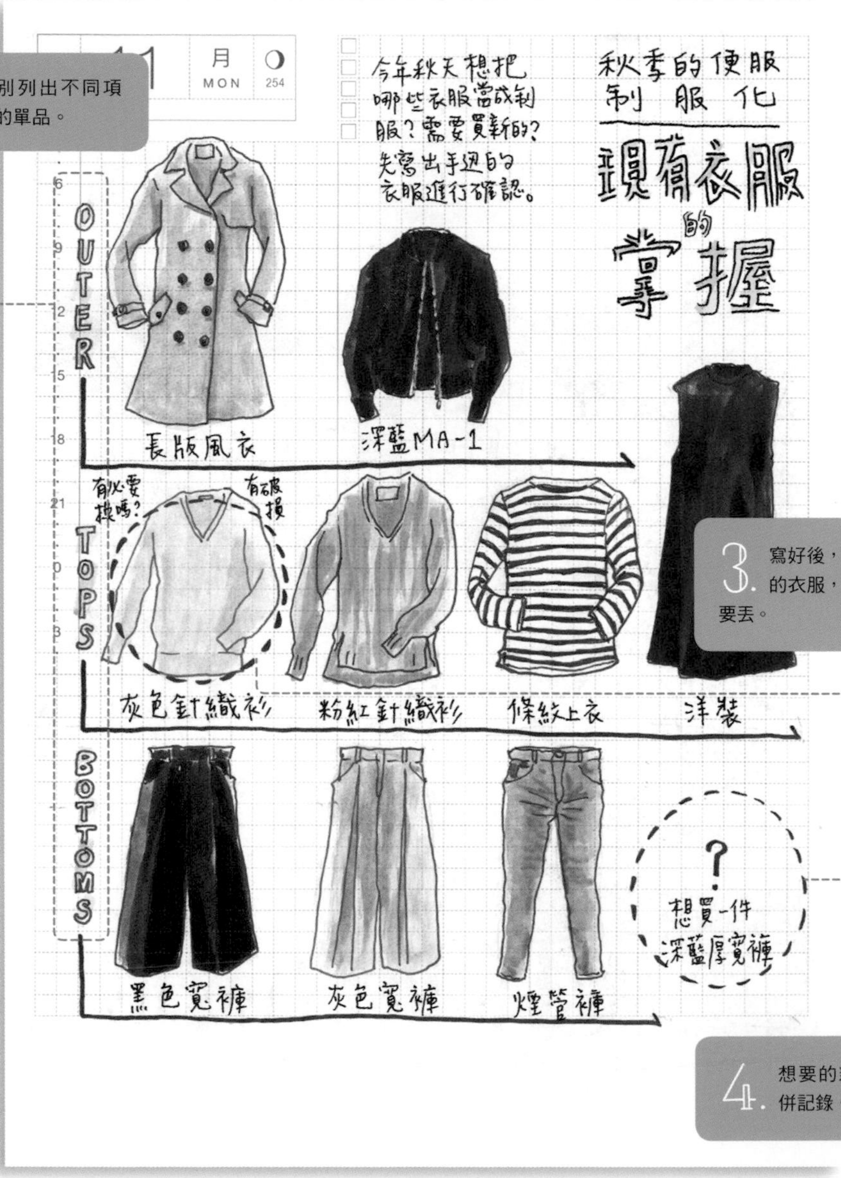

1. 個別列出不同項目的單品。

3. 寫好後，標記在意的衣服，考慮是否要丟。

4. 想要的新裝也一併記錄。

10 11 水 WED 284
旧：八月二十二日
2017 Autumn
便服的制服化
用這8件做好穿搭
長版風衣 已穿2年
深藍 MA-1 已穿2年
H&M 大紅 針織衫
黑色寬褲 如果天氣再冷一些，打算改穿厚一點的深藍色
HYKE 白色皮運動鞋 已穿3年
church's 中性皮鞋
ZARA 格紋褲 or 煙管褲
HYKE 圍裹式洋裝 參加婚禮或續攤都可
已穿4年 側邊鬆緊短靴

1. 全身的穿搭是很棒的參考。站在鏡子前拍照，再對照著畫比較好畫。如果覺得穿著衣服的狀態不好畫，平放的衣服也OK。

2. 例如戶外、室內、優雅風格等，先想好每套制服適合的情況會更方便。

3. 在頁角塗色做記號，突顯重要性。因為是當季常看的主題，這麼做比較好找。

FORMAT 3

便服制服化

換季時先決定好3套穿搭，早上就不必煩惱要穿什麼。從手邊現有的衣服思考組合，畫出全身的穿搭樣式，具體表現腦中的想像。

FORMAT 4

旅行日記

將旅行的足跡畫成路線圖的感覺。用地名加上簡單的插圖＆感想依序做記錄，日後回顧時自然會想起來。

1. 用手機拍下值得留念的場景，從中挑選3～6個地方的照片，這樣的數量剛剛好。

2. 簡短描述當時最深刻的感受，如此直接的記憶，日後回想時依然鮮明。

下諏訪悠閒之旅
萬治石佛
外型相當有趣，繞石佛走，許下心願。
雞肉Q彈 醬也不会太鹹，恰到好處。
雞排蓋飯
gatoha
印度的異國氛圍充滿了香料氣味。柔軟的沙發很舒服。飲料很豐富，不知該選哪種，最後點了柚子蜜蘇打。
諏訪大社 下社 秋宮
8/1 開始，神明會來到這兒，內行人才知道這件事。
民宿MASUYA
在酒吧喝酒吃西瓜
和許多人聊天。
諏訪湖 湖上煙火
20:30開始施放15分鐘的煙火，為期1個月。

3. 以路線圖的方式連結去過的地方。

FORMAT 5

閱讀記錄

儘管當時很感動，但隨著時間，容易將那股感觸逐漸淡忘，這樣實在令人懊惱。閱讀和電影的記錄請掌握 3 個要點。

1. 依項目分區塊記錄，一目瞭然有助回想。

a 書名和作者

b 大綱

c 整體感想

d 最喜歡的部分

1 24 火 TUE 024
旧：十二月二十七日
6
9
12
15
18
21
0
3
Aさんの恋人 1
近藤聰乃
大綱
A子生性優柔寡斷。她離開交往7年的A太郎去了美國。在紐約生活了3年後，又離開美國交往的A君回來日本。
最喜歡的一幕
我為什麼喜歡A子？
妳聽好囉……
是因為
因為妳沒有那麼喜歡我啊
！
咔
感想
書中人物的個性都不太好，應該說都是怪咖，充滿真實感。那種陰沉的氣息很有人味，讓人不禁會想，對！就是有這種人。這正是本書有趣的點。雖然A子覺得「A太郎憑什麼人見人愛？是不是有問題？」，我想是因為A太郎很會拿捏分寸，所以積極或消極的人都喜歡他。A子會對A君說「今年也請多指教」，對A太郎卻沒有。
A太郎….加油啊….。
印象深刻的場景
A太郎說「因為妳沒那麼喜歡我」的這一幕，令我心頭一驚，呼吸瞬間停止我似乎看見A太郎內心的黑暗。即使人見人愛，遇到沒這麼喜歡自己的A子激發了興趣、想得到對方更多的愛。但我想，假如A子變得很愛A太郎，他應該會變得冷淡並疏遠她吧？
A太郎不經意表現出的黑暗，那冷冷的表情令我印象深刻。

2. 有圖畫的點綴更棒，若是漫畫或實用書可以畫插圖或表格，如果是小說則用大字寫出台詞。

3. 印象深刻的理由、當時的感受等等，針對「最～」的部分寫。

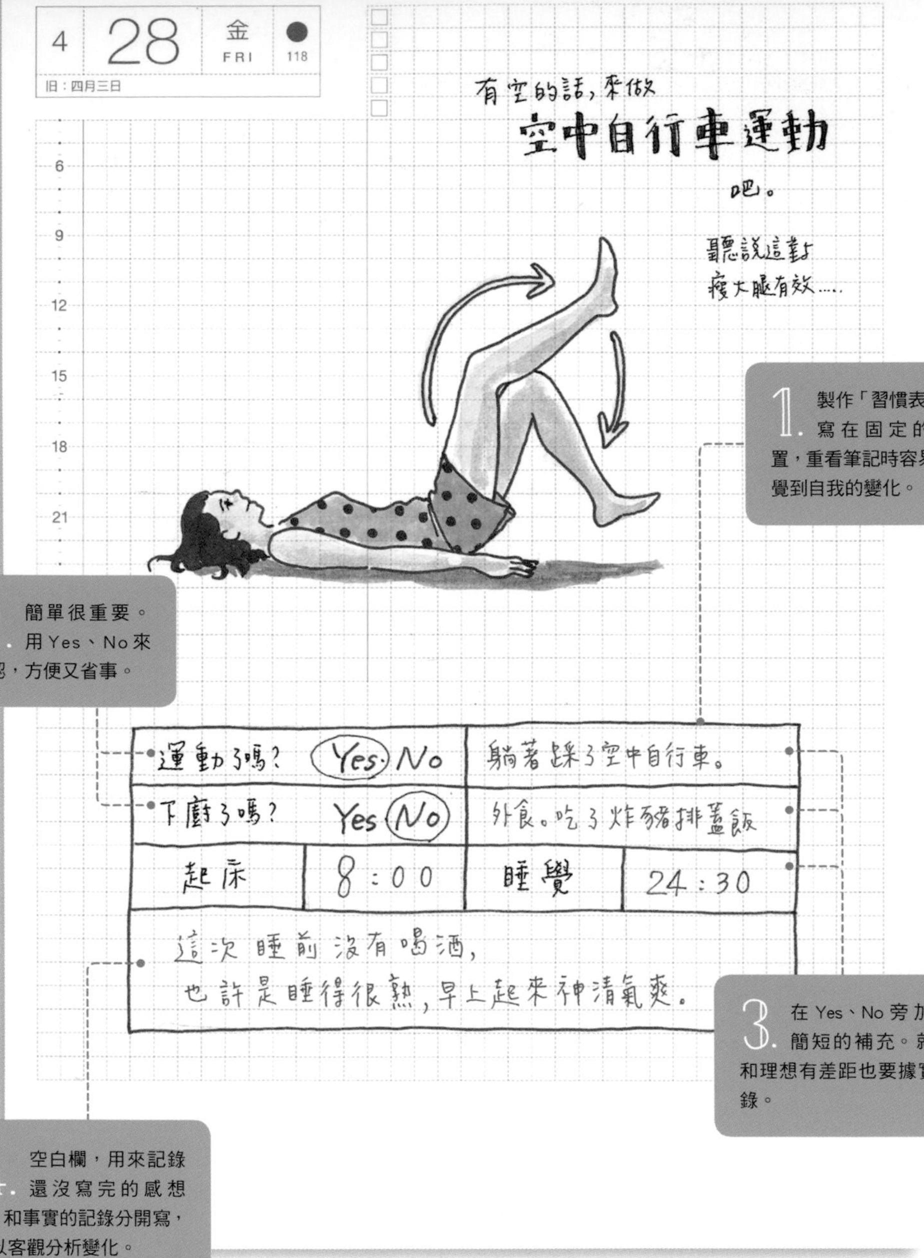
4 28 金 FRI 118
旧：四月三日
6
9
12
15
18
21
有空的話，來做
空中自行車運動
吧。
聽說這對
瘦大腿有效……
運動了嗎？ Yes No
躺著踩了空中自行車。
下廚了嗎？ Yes No
外食。吃了炸豬排蓋飯
起床 8:00
睡覺 24:30
這次睡前沒有喝酒，
也許是睡得很熟，早上起來神清氣爽。

1. 製作「習慣表」，寫在固定的位置，重看筆記時容易察覺到自我的變化。

2. 簡單很重要。用 Yes、No 來確認，方便又省事。

3. 在 Yes、No 旁加上簡短的補充。就算和理想有差距也要據實記錄。

4. 空白欄，用來記錄還沒寫完的感想等。和事實的記錄分開寫，可以客觀分析變化。

FORMAT 6

健康管理

持續運動、調整睡眠時間，「習慣表」對健康管理而言很方便。填入想確認的項目，簡單一點比較容易持續。

FORMAT 7

邊寫筆記邊思考

就算無法統整思緒，寫筆記仍是重要的事。遇到「邊寫邊思考」的情況時，多預留一些空間寫文章，想到什麼通通寫下來。

1. 如果邊寫邊思考，文字的量會比較多。從上半部開始寫就能確保充足的空間。

2. 主題（標題）通常是寫完文章才寫，預留1/3～1/2左右的空間。

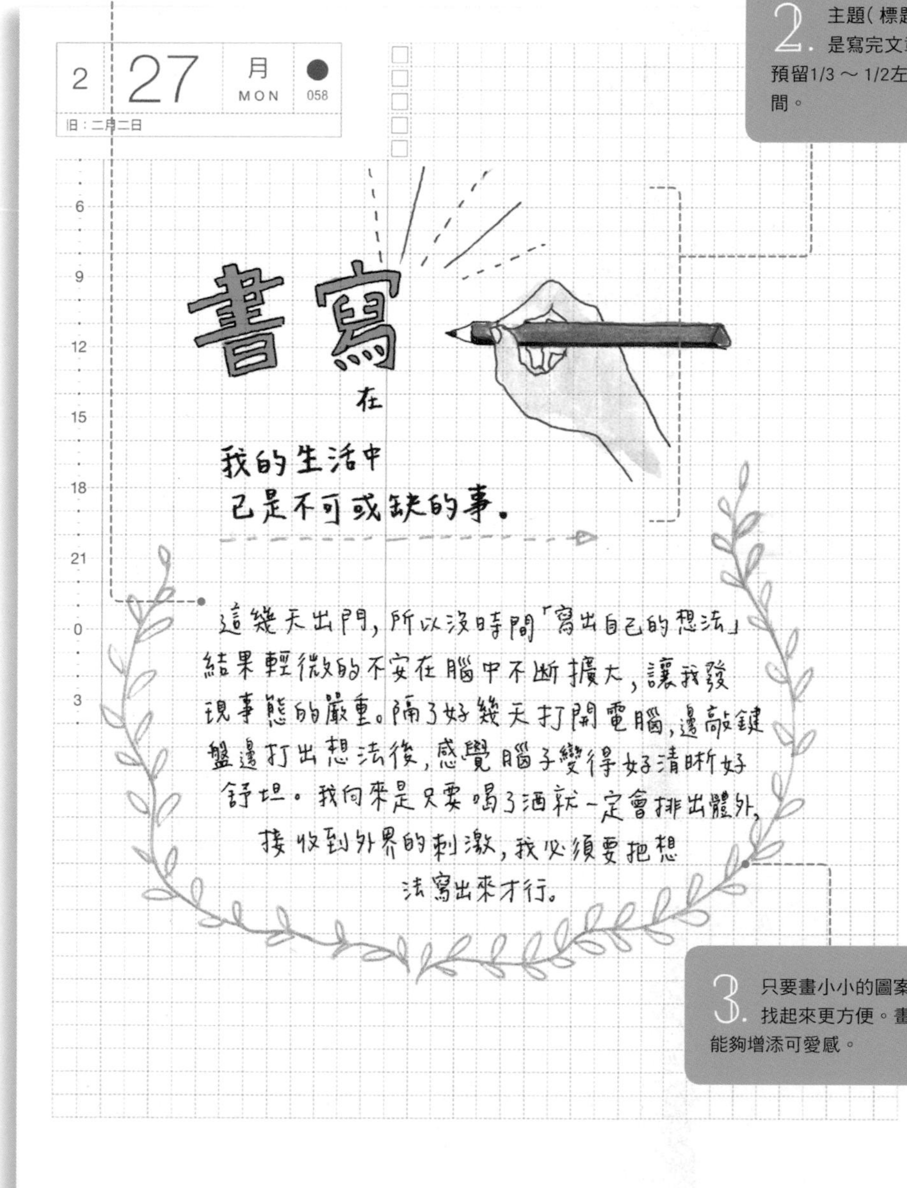
2
27
月
MON
058
旧：二月二日
6
9
12
15
18
21
0
3
書寫
在
我的生活中
已是不可或缺的事。
這幾天出門，所以沒時間「寫出自己的想法」
結果輕微的不安在腦中不斷擴大，讓我發
現事態的嚴重。隔了好幾天打開電腦，邊敲鍵
盤邊打出想法後，感覺腦子變得好清晰好
舒坦。我向來是只要喝了酒就一定會排出體外，
接收到外界的刺激，我必須要把想
法寫出來才行。

3. 只要畫小小的圖案，之後找起來更方便。畫裝飾框能夠增添可愛感。

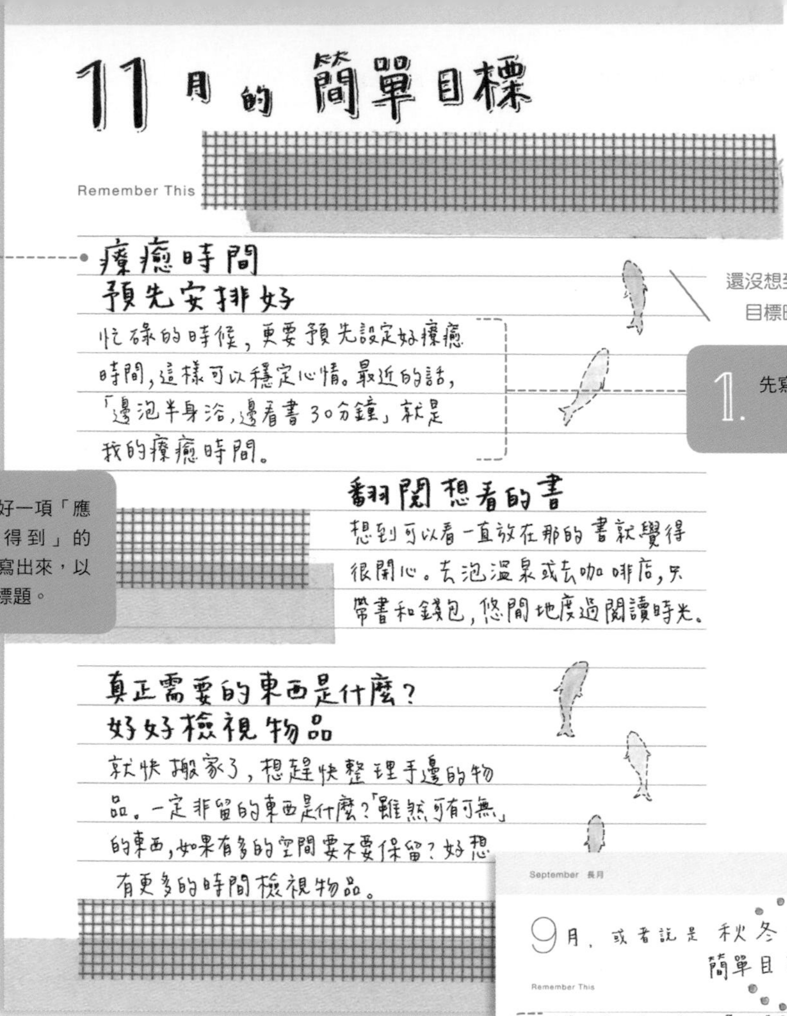

11月的簡單目標

Remember This

• 療癒時間
預先安排好
忙碌的時候，更要預先設定好療癒時間，這樣可以穩定心情。最近的話，「邊泡半身浴，邊看書30分鐘」就是我的療癒時間。

翻閱想看的書
想到可以看一直放在那的書就覺得很開心。去泡溫泉或去咖啡店，只帶書和錢包，悠閒地度過閱讀時光。

真正需要的東西是什麼？
好好檢視物品
就快搬家了，想趕快整理手邊的物品。一定非留的東西是什麼？「雖然可有可無」的東西，如果有多的空間要不要保留？好想有更多的時間檢視物品。

還沒想到明確的
目標時……

1. 先寫再思考

2. 決定好一項「應該做得到」的事，用大字寫出來，以此就能代替標題。

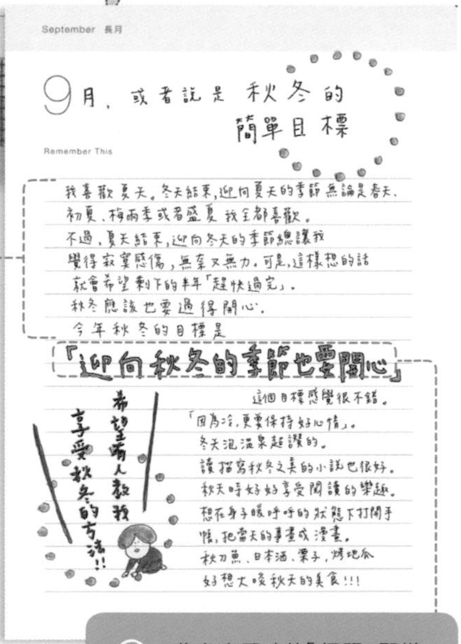

September 長月

9月，或者說是秋冬的
簡單目標

Remember This

我喜歡夏天。冬天結束，迎向夏天的季節無論是春天、初夏、梅雨季或者盛夏我全都喜歡。
不過，夏天結束，迎向冬天的季節總讓我覺得寂寞感傷，無奈又無力。可是，這樣想的話就會希望剩下的半年「趕快過完」。
秋冬應該也要過得開心。
今年秋冬的目標是

「迎向秋冬的季節也要開心」

這個目標感覺很不錯。
「因為冷，更要保持好心情」。
冬天泡溫泉超讚的。
讀描寫秋冬之美的小說也很好。
秋天時好好享受閱讀的樂趣。
想在身子暖呼呼的狀態下打開手帳，把當天的事畫成漫畫。
秋刀魚、日本酒、栗子，烤地瓜
好想大啖秋天的美食!!!

希望有人教教我
享受秋冬的方法!!

1. 各項的內容簡短即可。

已經確定
有想做的事時……

2. 像在寫平時的「標題」那樣，用簡短的一句話做出總結。

FORMAT 8

簡單目標

「月初的簡單目標」是我定期寫的主題之一。因為每個月都寫，有固定的格式就很方便。寫的時候，突顯標題是重點之一。

FORMAT 9

回顧

「回顧」也是每月定期寫的主題。因為是每月的總整理，比起目標的條列式寫法，仔細記錄的形式更能充分表達內心想說的話。

2. 這種形式就算只寫文章也OK，雖然沒有畫圖，也可用紙膠帶做裝飾。

1. 不需要特別設定標題，簡單寫「○月的回顧」即可。

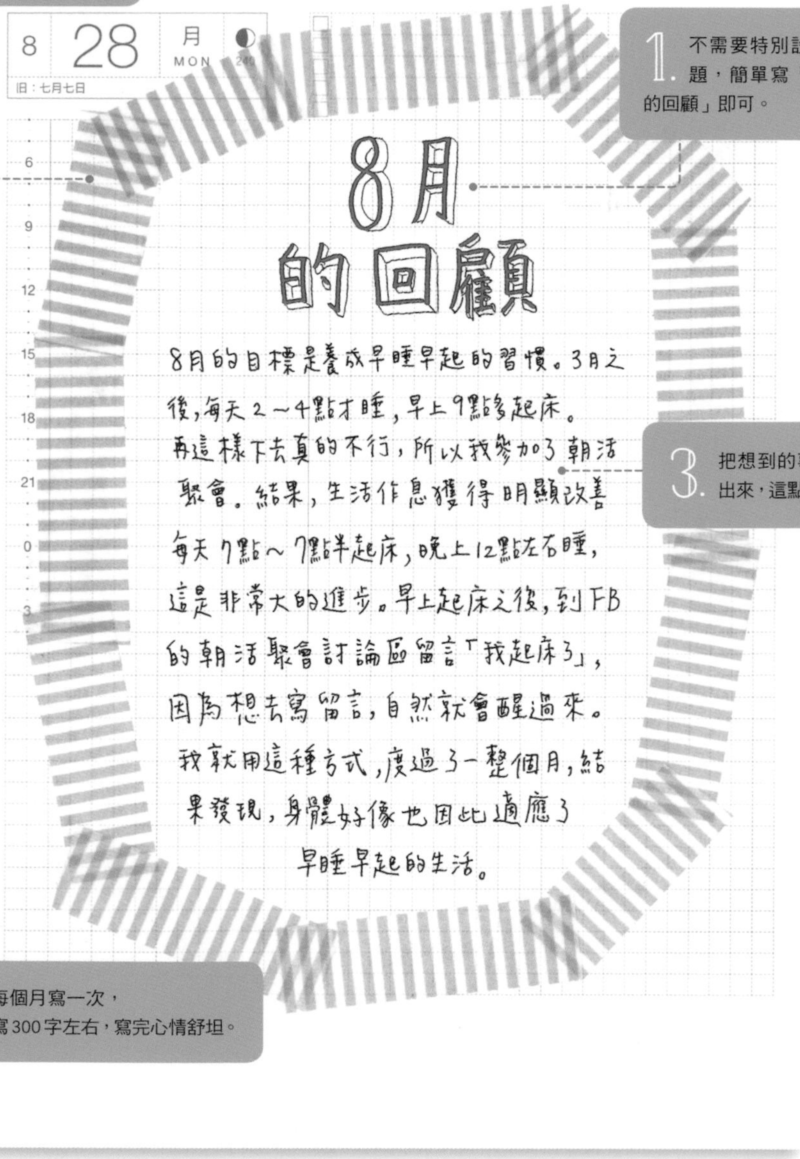
8 28 月 MON
旧：七月七日

8月的回顧

8月的目標是養成早睡早起的習慣。3月之後，每天2～4點才睡，早上9點多起床。再這樣下去真的不行，所以我參加了朝活聚會。結果，生活作息獲得明顯改善每天7點～7點半起床，晚上12點左右睡，這是非常大的進步。早上起床之後，到FB的朝活聚會討論區留言「我起床了」，因為想去寫留言，自然就會醒過來。我就用這種方式，度過了一整個月，結果發現，身體好像也因此適應了早睡早起的生活。

3. 把想到的事全部寫出來，這點很重要。

4. 每個月寫一次，寫300字左右，寫完心情舒坦。

訣竅
7

「好像寫得不夠」＝剛剛好

「不要一次寫完」也是保持寫筆記動力的重點。即使充滿幹勁，也不可能當天就抵達終點。如果不想半途而廢，一直有「好像寫得不夠」的感覺很重要。

如果有很多想寫的事，那就把沒寫完的當作明天的作業，隔天充滿期待地繼續寫。反之，要是提不起勁，畫大一點圖或是把標題寫大一點，遵守一天一頁的原則。沒必要每天都保持很嗨的狀態，配合自己的情況做適當調整，才是持之以恆的訣竅。

訣竅 8

預先設想「假如這天來了」

容易再度動筆的時機

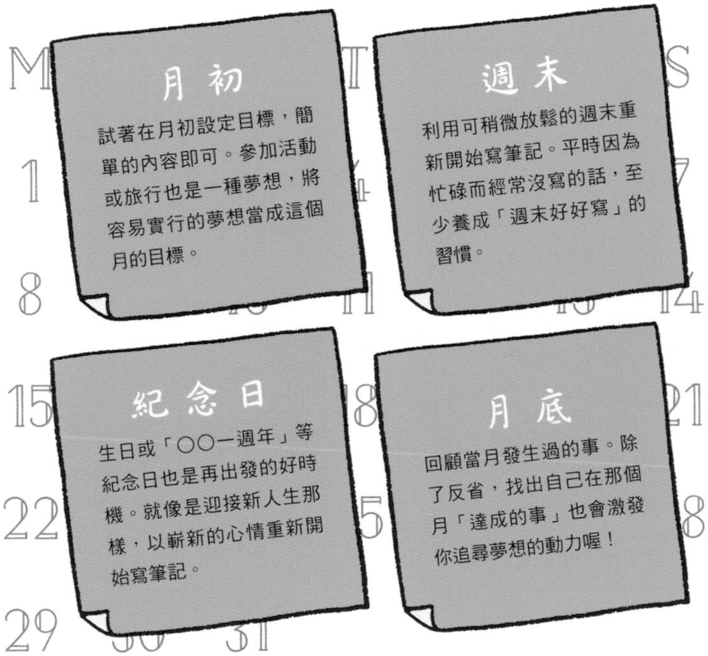
月初
試著在月初設定目標，簡單的內容即可。參加活動或旅行也是一種夢想，將容易實行的夢想當成這個月的目標。
週末
利用可稍微放鬆的週末重新開始寫筆記。平時因為忙碌而經常沒寫的話，至少養成「週末好好寫」的習慣。
紀念日
生日或「○○一週年」等紀念日也是再出發的好時機。就像是迎接新人生那樣，以嶄新的心情重新開始寫筆記。
月底
回顧當月發生過的事。除了反省，找出自己在那個月「達成的事」也會激發你追尋夢想的動力喔！

一天沒寫筆記，結果一拖再拖，最後不了了之是常有的狀況。不過，只要先設想「假如這天來了」，決定好要寫的主題和日期，就能順利重新動筆。

例如，週末時寫一週回顧、月初時寫目標、月底時列出當月買的東西和丟掉的東西等。預先設想多種「何時寫什麼」的方案。對我來說，放棄寫筆記等於放棄夢想。就算有無法寫的時候，先決定好某天要寫什麼題材，就能避免與筆記疏離。

訣竅 9

調整寫筆記的時間

曾有一段時期，明明心想「今天來寫筆記吧！」，回到家之後卻又變得意興闌珊，結果不了了之。其實不只寫筆記，準備證照考試或做家事，如果要如願完成，轉換心情很重要。為了保持幹勁，營造環境氣氛也是重點。

例如，下班後去咖啡廳，在能夠提起精神的場所寫筆記，回家後換上家居服前，先把筆準備好。反正寫筆記也不會花上好幾個小時。試著找出讓自己愉快打開筆記本的方法，養成寫筆記習慣的訣竅。

在家也能提起精神寫筆記……

換家居服之前寫

換上家居服，心情也會變得鬆懈。穿著外出服，寫筆記的動力比較不會消退。

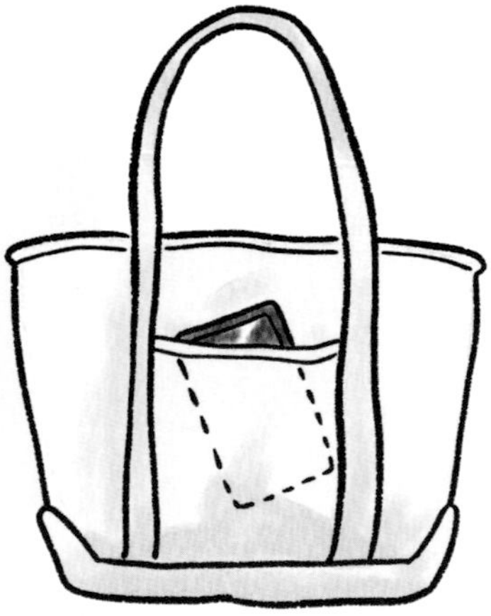

手機放在包包，先別拿出來

看到手機難免想滑一滑，所以先放在包包裡，集中精神寫筆記的時間就會增加。

聽廣播

廣播不像電視節目或影片會分散視線的注意力，所以不會妨礙你寫筆記。可以邊聽喜歡的廣播節目邊寫筆記。

回家前去咖啡廳寫筆記，
也是轉換心情的好方法。

訣竅
10

利用早上的時間思考

做事情會不會持之以恆，取決於平時能否保持幹勁。

這麼說一點也不為過，即使週末能夠開心地寫筆記，平日下班後要主動寫筆記並不容易。因為難免會想滑手機、看電視，然後時間就一點一滴地流逝。

不過，那是人體的生理節奏，是很正常的現象，不需要有罪惡感。一天之內能夠判斷事物的次數有限，要是都不睡覺去重新調整，判斷力就會下降。

所以我想建議各位，請活用早上的時間進行「思考」。為了實踐夢想，想想看今天做得到的事是什麼？還差多少就能達成目標？最近有沒有好好面對夢想呢？邊思考邊寫筆記，或是把想到的關鍵字存入手機。

我現在都利用早上的時間擴展夢想、擬定計畫，在中午過後實行，到了晚上再回顧記錄。剛開始的確很難早起，但為了實現夢想，只要想成「有更多時間做喜歡的事」自然就能做到。

晚上很適合進行平靜的作業，像是練習畫畫或著色、記錄體重或起床就寢的時間等。選對時段做適合的事，也可提升寫筆記的效率。希望各位都能找到適合自己的時段，用愉快的心情寫筆記。

COLUMN

終於找到了適合自己的筆記術

我和筆記的緣份始於國小三年級。那是《夢夢少女漫畫月刊》附贈的「呱呱響叮噹」筆記本。當時都是寫微不足道的小事，例如「希望順利通過直笛考試」、「希望明天下雨，馬拉松比賽暫停」等。雖然現在的我認為「寫」相當於祈禱，但小時候的我早已認定只要寫下來，心願就會實現。

上國中之後，筆記本裡寫的是和朋友出去玩要穿什麼，或是人際關係方面的感受

我的第一本筆記，《夢夢少女漫畫月刊》附贈的日記簿。

國中～高中用筆記寫手邊的衣服思考穿搭。

大學時期的求職手帳。封面可當紙夾，相當好用。

等。如今想想，當時的方式已經和現在差不多了。寫出手邊的衣服思考穿搭，也是高中時開始的習慣。

進入大學後，因為煩惱將來的出路，於是寫筆記進行自我分析。同時也開始寫「腦內解剖圖」，為了深入了解自己的書寫習慣，出了社會之後仍持續進行。

二〇一五年一月，我開始使用HOBO日手帳。想做的事、想實現的夢想、目標、穿的衣服、想要的東西、想法、關於自己的事……。從讀小學到出社會近二十年的歲月，我學會在必要時刻用必要的形式寫各式各樣的主題，這也許就是我的筆記術。

為了變輕鬆，2015年1月開始寫每天一頁的筆記。

2016年改用HOBO日手帳的cousin寫體驗記錄、想做的事清單。因為比較大本，有足夠的空間盡情畫圖。

成為社會人後的日記本，寫的內容以工作為主。

結語——

每天保留一點時間，找到適合自己的人生

無論是誰，感受到自己的人生正逐漸擴展的
那個瞬間應該都會很興奮。
「那麼做的話，應該會更棒吧？」
腦中浮現新點子時，就像釋放多巴胺那樣無比愉悅，
覺得自己馬上就要大展身手。
寫筆記幫助我培養出那種感覺。

如何度過自己的人生？
隨著年齡增長，我開始深思這件事。
為了家人、為了朋友、為了某個重要的人而活，
那是非常偉大的想法。不過，
將能量用在自己身上也是很偉大的事。
每天保留一些時間，獲得內心的滿足，

人生會變得更快樂。
秉持這股信念，我持續不斷地寫筆記。

夢想不分大小。若本書能幫助各位察覺自己的感受，
慢慢地接近期望的目標，我會感到很幸福。

看過本書，如果能在活用筆記助力的同時，
也度過充實的人生，這是最令我開心的事。

最後，我要感謝提議製作本書的X-Knowledge的齋藤編輯。
交換想法、進行溝通的過程中，雖然有過不安疑惑，
卻依舊感到雀躍興奮。

參與本書製作的所有人，
還有閱讀本書的各位，
在此致上由衷的謝意。
真的很感謝大家。

一起來　樂 023

實踐你夢想的第 1 本筆記書

讓你輕鬆上手、堅持下去、達成心願的25個手帳妙招

夢をかなえるノート術

作　者　富　美（おふみ）
譯　者　連雪雅
編　輯　林子揚

總編輯　陳旭華
電　郵　steve@bookrep.com.tw
社　長　郭重興
發行人兼出版總監　曾大福

封面設計　周家瑤
手　寫　Tom Lin
排　版　宸遠彩藝

出版單位　一起來出版／遠足文化事業股份有限公司
發　行　遠足文化事業股份有限公司
www.bookrep.com.tw
23141新北市新店區民權路108-2號9樓
電話｜02-22181417　傳真｜02-86671851

法律顧問　華洋法律事務所　蘇文生律師
初版一刷　2019年1月

定　價　340元

國家圖書館出版品預行編目(CIP)資料

實踐你夢想的第1本筆記書：讓你輕鬆上手、堅持下去、達成心願的25個手帳妙招 / 富美（おふみ）著；連雪雅譯. -- 初版. -- 新北市：一起來, 遠足文化, 2019.01
128面；17×23公分. -- (一起來樂；23)
譯自：夢をかなえるノート術
ISBN 978-986-96627-3-4(平裝)

1.筆記法

019.2　　107019841

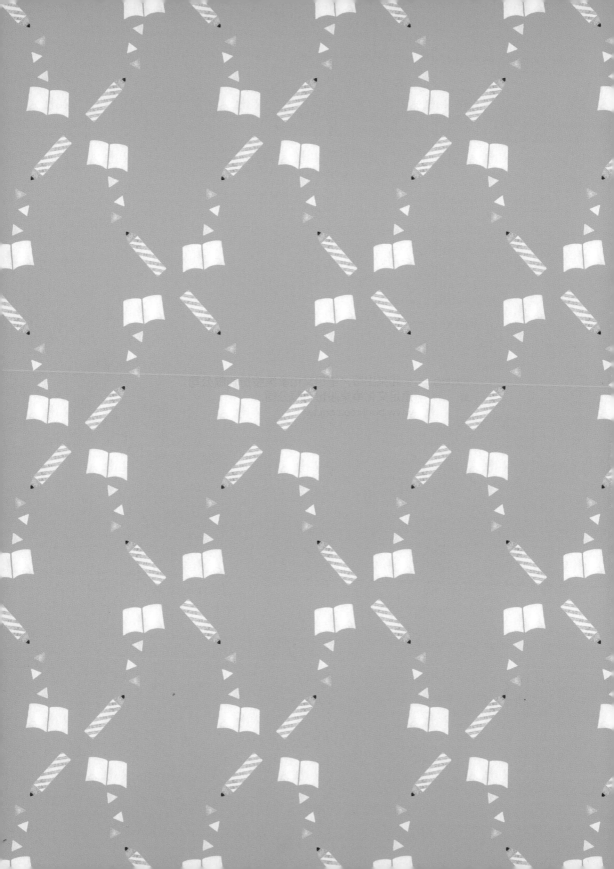

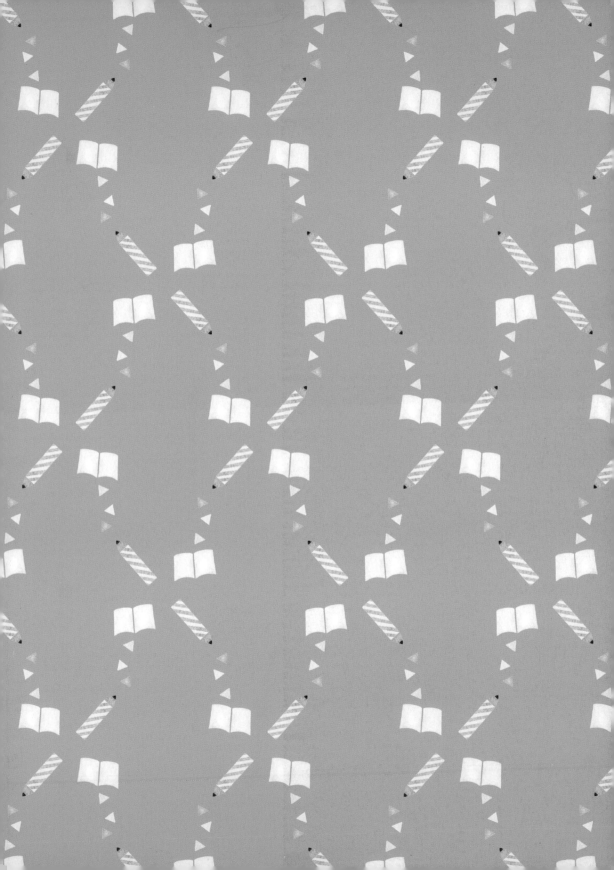